Peter Schaar

Das digitale Wir

Peter Schaar

DAS DIGITALE WIR

Unser Weg in die
transparente Gesellschaft

edition Körber-STIFTUNG

Bibliografische Information der Deutschen Nationalbibliothek

Die Deutsche Nationalbibliothek verzeichnet diese Publikation in der Deutschen Nationalbibliografie; detaillierte bibliografische Daten sind im Internet unter http://dnb.d-nb.de abrufbar.

Umschlag: Groothuis. www.groothuis.de
Covermotiv: © Rafe Swan/cultura/Corbis
Der Autor wird vertreten durch Aenne Glienke | Agentur für Autoren und Verlage | aenneglienkeagentur.de
Herstellung: Das Herstellungsbüro, Hamburg | buch-herstellungsbuero.de
Druck und Bindung: CPI – Clausen & Bosse, Leck
Printed in Germany

ISBN 978-3-89684-168-1

www.edition-koerber-stiftung.de

Inhalt

Einführung

Ich gehöre zu den »Digital Immigrants«, also zu denjenigen, die in eine analoge Welt hineingeboren wurden und die in die Digitalisierung hineingewachsen sind. Anders als meine Eltern und Großeltern, die ihr Leben lang nichts mit Computern zu tun hatten (»Nonliner«), und meine Kinder, für die Mobilfunk, PC und Internet selbstverständlich sind (»Digital Natives«), kennen wir beides aus eigener Anschauung: das analoge und das digitale Zeitalter. Diese Erfahrung beider Welten führt bei vielen »Digital Immigrants« zu einer besonderen Sensibilität bezüglich der rasanten technikbedingten Veränderungen unserer Lebensumstände. Allerdings müssen wir uns davor hüten, in eine idealisierende Verklärung der analogen Vergangenheit zu verfallen oder den früheren oder nachfolgenden Generationen arrogant oder mit erhobenem Zeigefinger gegenüberzutreten.

Meinen ersten Kontakt zu digitaler Technik hatte ich mit etwa 15 Jahren. Er kam daher in Form eines elektronischen Taschenrechners: Dieser beherrschte die vier Grundrechenarten, hatte eine Prozent- und eine Memory-Taste und kostete 150 DM (ca. 80 Euro), damals eine respektable Summe. Ich war von dem Gerät trotz seiner aus heutiger Sicht spartanischen Ausstattung vollständig begeistert. In der restlichen Schulzeit und während des Wirtschaftsstudiums ersetzte ich diesen Taschenrechner durch neue Modelle. Beeindruckt hat mich die Tatsache, dass die Nachfolgemodelle nicht teurer waren als die abgelösten Vorgänger, obwohl sie diese in ihrer Leistungsfähigkeit jeweils um ein Vielfaches übertrafen.

Schon damals wirkte sich also – ohne dass ich mir dessen bewusst war – das Moore'sche Gesetz aus, nach dem sich die Leistungsfähigkeit elektronischer Geräte alle 18 bis 24 Monate verdoppelt.[1]

Mit einem »richtigen« Computer bekam ich es 1980 bei meinem ersten Job zu tun. Meine Hauptaufgabe war die Entwicklung eines Personalprognose-Modells für die hamburgische Verwaltung. Ich programmierte das Verfahren an einem der wenigen Dialogterminals. Dabei handelte es sich um schreibmaschinenartige Geräte für die Ein- und Ausgabe der Daten, die an das zentrale Rechenzentrum der Stadt angeschlossen waren. Mit dem Modell konnten in kürzester Zeit differenzierte Personalprognosen unter Berücksichtigung einer Vielzahl variabler Faktoren erstellt werden. So ließ sich testen, wie sich Änderungen bei der Teilzeitbeschäftigung oder beim Renteneintrittsalter auf den Stellenbestand und die Neueinstellungen auswirken würden.[2]

Als ich 1983 in den Planungsstab der Hamburger Schulbehörde wechselte, erwartete ich – naiv, wie ich war –, dass genauere Prognosen für das politisch hoch brisante Schulwesen und die Zahl der notwendigen Neueinstellungen von Lehrern hochwillkommen wären. Aber ich täuschte mich:

An solchen Erkenntnissen bestand kein sonderliches Interesse, insbesondere in der für den Stellenplan zuständigen Organisationsabteilung nicht. Dort sah man in der Personalplanung offenbar eine Geheimsache weniger Eingeweihter, und ich war ein Außenseiter. Der größte Tag des Abteilungsleiters war es, wenn er zu Beginn eines jeden Schuljahrs auf einer Organisationskonferenz der staunenden Behördenleitung und den Oberschulräten die aktuellen Zahlen vorlegen konnte. Er hatte deshalb wenig Interesse daran, sich bei den Berechnungen in die Karten schauen zu lassen. Trotzdem konnte ich in Gesprächen schließlich herausfinden, dass die verwendete Methode höchst simpel war. Sie beschränkte sich darauf, die Vorjahreszahlen als Prozentwert auf den aktuellen Personalbestand anzuwenden. Die Informationsgesellschaft war in dieser Behörde noch nicht angekommen, obwohl es dort schon den einen oder anderen Computer gab.

Nicht zuletzt dieser Misserfolg lenkte mein Interesse verstärkt auf die Frage, wie die Gesellschaft mit den Umbrüchen der sich schon damals abzeichnenden Informationsgesellschaft und den damit zu erwartenden neuen Erkenntnissen umgehen sollte. Besonders beeindruckt haben mich die Werke des deutsch-amerikanischen Informatikprofessors Joseph Weizenbaum, eines Pioniers der künstlichen Intelligenz. Wie kaum ein anderer hervorragender Informatiker der ersten Stunde verband er sein fachliches Wissen mit historischen Erkenntnissen, für die er als Kind einer jüdischen Emigrantenfamilie, die in den 1930er-Jahren vor den Nazis nach Amerika flüchten musste, besonders empfänglich war. Klarsichtig verglich er schon sehr frühzeitig das blinde Vertrauen in die Computertechnik mit einem »Kurs auf den Eisberg«, an dem die Informationsgesellschaft wie die legendäre *Titanic* zerschellen könnte, wenn sie sich auf rein instrumentelle Vernunft beschränkt und grundlegende Werte und Wahrheiten außer Acht lässt. Auch wenn es zutrifft, dass mit digitaler Technik immer mehr Phänomene messbar und damit quantifizierbar werden, wäre es doch ein grober Kurzschluss, die Realität auf die in quantitativen Modellen abbildbaren Größen zu reduzieren.[3]

Diese Fragen treiben mich seither um. Sie gehen weit über das hinaus, was unter dem Stichwort »Datenschutz« zusammengefasst wird, der meine berufliche Tätigkeit überwiegend geprägt hat. In diesem Buch geht es mir um diesen erweiterten Blick auf die durch die Informationstechnik bewirkten gesellschaftlichen Veränderungen. Und ich beschäftige mich damit, ob und wie wir steuernd eingreifen können, um die Kollision mit dem »Eisberg« doch noch abzuwenden, dem wir inzwischen verdammt nahe gekommen sind. Das Umsteuern ist vielleicht noch möglich – ich bin ein unverbesserlicher Optimist. Aber die Wende kann nur gelingen, wenn wir gute Seekarten haben und wir – »das Volk« – den politischen Willen entwickeln, das Steuer herumzureißen. Leider ist davon bisher nicht allzu viel zu merken.

1. Umbrüche

Die digitalen Veränderungen haben längst die reale Welt erreicht. Interaktive Medien bestimmen in immer stärkerem Maß unsere Wahrnehmung und unser Verhalten – nicht nur im positiven Sinn.

Moderne Bilderwelten

Am 10. Dezember 2012 stellten Unbekannte ein verwackeltes Video ins Internet. Die teils unscharfen Aufnahmen zeigen eine Gräueltat syrischer Rebellen an einem gefangenen Offizier des Assad-Regimes. Unter anderem ist zu sehen, wie ein etwa zehnjähriger Junge mit einem Schwert auf den Kopf des gefesselten Gefangenen einschlägt. Später wird der abgetrennte Kopf des Opfers gezeigt. Seither reißen derartige Veröffentlichungen über unvorstellbare Grausamkeiten nicht ab. Sie werden auf unterschiedlichem Weg ins Internet gestellt, über Facebook, YouTube, Twitter, WhatsApp oder den Fotodienst Instagram. Die Enthauptung von Journalisten, Angehörigen religiöser Minderheiten und Entwicklungshelfern wird ebenso gezeigt wie die Verbrennung eines abgeschossenen jordanischen Piloten. Bilder der Zerstörung unersetzlicher Kulturgüter finden den Weg ins Netz, genauso wie die Schändung religiöser Stätten. Die technische Qualität der Aufnahmen hat sich dabei deutlich verbessert – sie werden inzwischen immer häufiger mit professionellen Mitteln und Know-how hergestellt und verbreitet.

War es am 11. September 2001 noch das Fernsehen, das die schrecklichen Bilder von den brennenden Twin Towers in unser Gedächtnis einbrannte, erledigen dies heute soziale Netzwerke und andere Internetdienste. Der »Islamische Staat« (IS) soll Berichten zufolge eine Medienabteilung betreiben, die sich der jeweils neuesten Techniken bedient. Wie die innovative Elite in der neuen digitalen Machtzentrale Silicon Valley verwenden auch Islamisten modernste technische Mittel, organisieren Wettbewerbe und belohnen die Produzenten der besten Videos. Der deutsche Bundesnachrichtendienst kommt in einer Analyse zu dem Schluss, eine »wesentliche Ursache für den Rekrutierungserfolg des IS« sei dessen »professionelle Medienarbeit«. Die Nutzung sozialer Netzwerke ermögliche dem IS eine »gezielte Ansprache von potenziellen Unterstützern«.[1]

Wie kaum ein anderes Phänomen zeigen die Terrorvideos eine Ambivalenz, die schärfer nicht ausfallen könnte. Modernste Techniken und Marketingmethoden werden zur Verbreitung steinzeitlicher Botschaften verwendet. Unternehmen wie Google und Facebook, die sich offiziell dem »Guten« verschrieben haben (»Don't be evil«, »Make the world a better place«), leisten ungewollt der Verbreitung von

Ideologien Vorschub, die extrem antiaufklärerisch sind und die westliche Zivilisation mit allen Mitteln bekämpfen.

Wir leben längst in einer digitalen Gesellschaft, aber sie sieht anders aus, als sie uns von ihren Propheten versprochen wurde. Keine 20 Jahre ist es her, dass der Internetpionier John Perry Barlow 1996 seine pathetische »Unabhängigkeitserklärung des Cyberspace« veröffentlichte, in der er sich gegen jegliche Regulierung im Internet wandte: »Regierungen der industriellen Welt, Ihr müden Riesen aus Fleisch und Stahl, ich komme aus dem Cyberspace, dem neuen Zuhause des Geistes. Als Vertreter der Zukunft bitte ich Euch aus der Vergangenheit, uns in Ruhe zu lassen. Ihr seid nicht willkommen unter uns. Ihr habt keine Souveränität, wo wir uns versammeln. … Ich erkläre den globalen sozialen Raum, den wir errichten, als gänzlich unabhängig von der Tyrannei, die Ihr über uns auszuüben anstrebt. Ihr habt hier kein moralisches Recht zu regieren noch besitzt Ihr Methoden, es zu erzwingen, die wir zu befürchten hätten. Ihr habt Euch nicht an unseren großartigen und verbindenden Auseinandersetzungen beteiligt, und Ihr habt auch nicht den Reichtum unserer Marktplätze hervorgebracht. Ihr kennt weder unsere Kultur noch unsere Ethik oder die ungeschriebenen Regeln, die unsere Gesellschaft besser ordnen als dies irgendeine Eurer Bestimmungen vermöchte. … Wir werden im Cyberspace eine Zivilisation des Geistes erschaffen. Möge sie humaner und gerechter sein als die Welt, die Eure Regierungen bislang errichteten.«[2]

Die von Barlow entworfene Vision einer globalen, freiheitlichen Cybercommunity hat sich so nicht verwirklicht, auch wenn der Ausgangspunkt seiner Analyse durchaus zutrifft: Mit der Digitalisierung wird die Realität zum Teil entkörperlicht. Dies eröffnet neue Denk- und Geschäftsmodelle und neue Möglichkeiten zur Kooperation, die sich traditionellen Methoden der Regulierung entziehen, weil sie nicht mehr an Standorte oder Gegenstände gebunden sind. Offenbar hatte er aber die Bedeutung eines Wandels unterschätzt, der zeitgleich mit seiner »Unabhängigkeitserklärung« eingesetzt hatte: Die Metamorphose des Internets aus einer virtuellen, nicht kommerziellen Gemeinschaft zu einer elektronischen Gelddruckmaschine, für die es letztlich ohne Belang ist, welche Botschaften transportiert werden. »Als die Wall Street nach Westen kam, verlor das Internet sein gemeinsames Ziel, seinen Anstand und seine Ehre«, konstatiert etwa der vom begeisterten Internetpionier zum Internetskeptiker gewordene Andrew Keen heute.[3] Die Dominanz der alten Informationskonzerne wurde zwar gebrochen. An ihre Stelle sind neue Global Player getreten, die darüber bestimmen, welche Informationen relevant sind, und kontrollieren, über welche Kanäle sie verteilt werden.

Das globale Shoppingcenter

Wer sich nicht für Enthauptungsvideos interessiert, für den gleicht das Internet heute einem riesigen, mit nur von einer Seite durchsichtigen venezianischen Spiegeln ausgestatteten Shoppingcenter, in dem man (fast) alles findet, was das Herz begehrt: Waren, Dienstleistungen, Nachrichten, Freundschaften. Es gibt dort Supermärkte und Fachgeschäfte, Banken, Spielhallen und Casinos, Kinos und gemütliche Cafés, in denen man verweilen und Freunde treffen kann. Auch die Stadtverwaltung hat in einem etwas abgelegenen Winkel ein Bürgerbüro eröffnet, in das sich allerdings nur selten ein Besucher verirrt. Das Center ist voll klimatisiert, damit sich der Shopper wohlfühlt und ein möglichst angenehmes »Einkaufserlebnis« hat. Durch ausgefeilte Technik wird auch sichergestellt, dass der einzelne Besucher stets den Eindruck bekommt, gerade seine Lieblingsmusik zu hören, und die elektronischen Wände sind in Farben gehalten, die seiner jeweiligen Stimmungslage entsprechen.

Vieles ist dort umsonst zu haben. Einzige Gegenleistung: Am Eingang eines jeden Geschäfts notiert eine freundliche Servicekraft Namen, Adresse, Telefonnummer, Geburtsdatum, Arbeitgeber, Beziehungsstatus und sexuelle Präferenzen. Wenn man nichts dagegen hat, macht die nette Helferin auch eine Kopie des Adressbuchs, damit der Betreiber die dort eingetragenen Verwandten, Freunde und Kollegen einladen kann, auch mal eben vorbeizuschauen und einen leckeren Cappuccino zu trinken oder von einem Sonderangebot zu profitieren. Sodann wird der Besucher an einem Tisch platziert, an dem bereits eine nette Runde sitzt, Menschen, die etwa gleichaltrig sind und so ähnlich aussehen wie man selbst. Im Gespräch stellt der Besucher erstaunt fest, dass sie die gleichen Hobbys haben wie er, dieselben politischen und religiösen Ansichten vertreten und auch sexuell gleich gepolt sind. Auf den Tischchen des Cafés stehen Telefone, mit denen man zu anderen Gästen Kontakt aufnehmen kann, allerdings nur innerhalb der jeweiligen Kaffeehauskette. Im gesamten Center wird der Besucher von einem Assistenten begleitet, der registriert, vor welchem Schaufenster er stehen bleibt, wo und wie lange seine Blicke bei den jeweiligen Auslagen verweilen. Wenn er ein Geschäft betritt, wird er von dem freundlich lächelnden Verkäufer persönlich begrüßt, der ihn auf die nur für ihn bereitgestellten Sonderangebote hinweist. Natürlich wird registriert, vor welchem Regal der Kunde stehen bleibt, wie er sich durchs Geschäft bewegt. Wenn er eine Packung Eier in den Einkaufswagen tut, erscheint auf einem integrierten Bildschirm die Anregung, auch den dazu passenden Speck zu kaufen. 25 Freunde hätten schließlich dieselbe Wahl getroffen. Außerdem wird er mit der Frage konfrontiert, wie es denn – angesichts dieser Nahrungsauswahl – um seinen Cholesterinspiegel bestellt sei, und es wird ihm eine besondere Margarine empfohlen, die zu dessen Senkung beiträgt. Beim Verlassen des Geschäfts wird der fällige Betrag automatisch von seinem Kreditkartenkonto abgebucht. Zugleich erhält sein soziales Umfeld den Hinweis, sich um die Ernährungsgewohnheiten des Besuchers zu kümmern. Entsprechende Meldungen gehen auch an seinen Arzt und an die Krankenkasse, die ihn wohl demnächst in eine teurere Versicherungsklasse umgruppieren wird.

Schließlich ist auch für Sicherheit gesorgt: Tausende versteckte Videokameras registrieren jede Bewegung und jeden Gesichtsausdruck der Besucher. Nicht sichtbare Mikrofone zeichnen jedes ihrer Worte auf und werten das Gesagte in

Echtzeit aus. Wenn sich irgendwo etwas Verdächtiges ereignet, sich etwa seltsam gekleidete Personen zusammenrotten, wenn bei einer Unterhaltung verpönte Begriffe fallen und Besucher besonders gestresst oder ungepflegt aussehen, machen sich Security-Mitarbeiter auf den Weg, um der Angelegenheit nachzugehen und den betreffenden Personen gegebenenfalls Hausverbot zu erteilen oder sie der Polizei zu übergeben. Kritik an der umfassenden Überwachung begegnet die Geschäftsleitung mit dem Argument, niemand dürfe sich beschweren, denn er habe ja das Shoppingcenter freiwillig aufgesucht. Dabei sind sie sich der Verlogenheit dieses Arguments durchaus bewusst, denn außerhalb des Centers gibt es immer weniger Buchläden, Restaurants und Einzelhandelsgeschäfte.

Neben dem Shoppingcenter steht ein kaum kleineres, mit dunklem Glas verkleidetes modernes Behördengebäude. Immer wieder gibt es Gerüchte, dass dort alles mitgelesen und mitgehört werde, was in dem Center geschieht. Selbst die Tischtelefone in den Cafés seien angezapft, und die Behördenmitarbeiter könnten sich unbemerkt auf alle Videokameras aufschalten, die das Shoppingcenter bis in die letzte Ecke überwachen. Diese Gerüchte wurden von offizieller Seite vehement dementiert.

Diese kleine – zugegebenermaßen zugespitzte – Geschichte soll verdeutlichen, wie weit sich das Internet von seinen Ursprüngen entfernt und wie wenig sich der Traum einer neuen, freien digitalen Weltgesellschaft realisiert hat. Auch wenn zwischen Utopie und Wirklichkeit eine riesige Lücke klafft, führt doch eine direkte Linie von Barlows pathetischer »Unabhängigkeitserklärung des Cyberspace« zum Triumph der Internetgiganten: Sein radikal libertäres Plädoyer für den Verzicht auf jegliche Regulierung fiel vor allem in den USA auf fruchtbaren Boden, denn sie entsprach dem stärker werdenden neoliberalen Mainstream in der US-Öffentlichkeit. Dies war und ist ein ideales Klima für neue Geschäftsmodelle und in letzter Konsequenz für die Herausbildung von Internetmonopolen.

Alte und neue Ungleichheiten

Google-Chairman Eric Schmidt und der IT-Spezialist Jared Cohen sehen in der immer leistungsfähigeren Technologie den Weg zu größerer Gleichheit. In Zukunft werde niemand, von den mächtigsten bis zu den schwächsten Menschen, von den vielfach historischen Änderungen unberührt bleiben.[4] Die Möglichkeit zur virtuellen Kontaktaufnahme und Kommunikation werde dazu führen, dass sich die Menschen gleicher fühlen, weil sie denselben Zugang zu denselben grundlegenden Plattformen, Informationen und Ressourcen hätten. Alle würden vom digitalen Fortschritt profitieren, auch wenn die Ungleichheit in der realen Welt dadurch nicht beseitigt würde.[5] Richtig an dieser These ist, dass der ohnehin hohe soziale Vernetzungsgrad moderner Gesellschaften durch die immer leistungsfähigeren Kommunikations- und Informationstechniken weiter zunimmt. Bislang zeit- und arbeitsaufwendige Rückkopplungsprozesse können extrem verkürzt und damit vereinfacht werden. Dies wiederum verbessert grundsätzlich die Chancen zur Teilhabe an Bildung, Wohlstand und gesellschaftlicher Mitwirkung. Dass davon allerdings alle Menschen gleichermaßen profitieren, ist mehr als fraglich. Den größten Nutzen haben die digital Souveränen, die nicht nur jung sind, sondern auch überdurchschnittlich gut verdienen.[6]

Konflikte, die uns schon seit Jahrhunderten begleiten, etwa die Frage nach einer gerechten Aufteilung des gesellschaftlichen Reichtums, verschwinden nicht einfach durch den Siegeszug der Informationstechnologie. Das Internet hat – anders als von einigen frühen Pionieren vorhergesagt – nicht zu mehr Gerechtigkeit und Gleichheit geführt. Die Vermögen haben sich in den Industriestaaten in den letzten 20 Jahren nicht nivelliert, die Einkommensunterschiede haben sich sogar drastisch verschärft, was zwar nicht allein auf die Digitalisierung zurückzuführen ist – aber sie hat durchaus einen erheblichen Anteil daran. Besonders gravierend ist die Ungleichheit in den USA und in Deutschland.[7]

Sechs der 20 reichsten Menschen der Welt haben ihr Vermögen mit Internetdiensten gemacht.[8] Die meisten der Digital-Neureichen stammen nicht aus den klassischen Dynastien des Geldadels. Bill Gates (Nr. 1) und Mark Zuckerberg (Nr. 15) scheinen zu bestätigen, dass das Internet tüchtigen Einzelnen den raketenartigen Aufstieg in die Welt der Superreichen ermöglicht. Dabei darf allerdings nicht ausgeblendet werden, dass es sich um extreme Ausnahmen handelt und die meisten Gründer von Internetunternehmen dem Existenzminimum näher sind als dem eigenen Privatjet. Immerhin hat sich rund um das Silicon Valley eine Subkultur der internetaffinen Reichen herausgebildet, die sich selbst feiern und sich von der Masse der Bevölkerung in normalen Jobs abgrenzen. Sie gehören – wie die Mitglieder der klassischen Geldeliten – zu einer »Ein-Prozent-Ökonomie« (Andrew Keen), die ein Vielfaches von normalen Angestellten und Arbeitern verdienen.

Unübersehbar ist aber auch die Zahl der Absteiger, die durch die Internetökonomie ihre Geschäftsgrundlage verloren haben, etwa der Einzelhandel, dem ein – teils unfairer – Online-Handel die Kunden abspenstig gemacht hat. So zahlt etwa Amazon durch die Wahl seines europäischen Geschäftssitzes in Luxemburg nur 3% Umsatzsteuer, während deutsche Buchhändler für Bücher 7% und für elektronische Inhalte sogar 19% Mehrwertsteuer zahlen müssen. Auch in anderen Branchen führen Online-Modelle zu erheblichen Verwerfungen und Umstrukturierungen, etwa bei den Verlagen, in der Logistik oder im Bankwesen.

Kaum ein Indikator deutet darauf hin, dass sich die Verteilung von Wohlstand durch die digitale Revolution in Zukunft ändern wird. Vielmehr spricht manches für die Aussage des *FAZ*-Mitherausgebers Holger Steltzner, der erwartet, es gebe zukünftig »zum einen die kleine Gruppe jener Beschäftigten, die dem Computer sagen, was er zu tun hat. Und dann wird es die viel größere zweite Gruppe von Beschäftigten geben, denen der Computer sagen wird, was sie zu tun haben. Auf einen attraktiven Lohn wird natürlich nur die erste Gruppe hoffen dürfen.«[9]

Ein erhebliches Gefälle besteht zudem weiterhin in dem

ungleichen Zugang zu den digitalen Segnungen, trotz der weiterhin zunehmenden Zahl von an das Internet angeschlossenen Computern. Das Gefälle besteht zwischen jüngeren und älteren Menschen, sozialen und ethnischen Gruppen und im Hinblick auf die regionale Verteilung. Dieses seit Langem als »digitale Spaltung« bekannte Phänomen wird nicht von allein verschwinden. Nur wenn die Bereitschaft wächst, für gleiche digitale Zugangschancen zu sorgen, durch Aufklärung, Investitionen in Bildung und in Infrastrukturen, lässt sich der Spalt verkleinern. Immerhin haben einige Internetkonzerne, allen voran Google und Facebook, erkannt, dass sich die für ihr andauerndes weltweites Wachstum erforderlichen neuen Kunden überwiegend in den Regionen gewinnen lassen, in denen es bisher nur wenige Internetnutzer gibt. In der Dritten Welt können sich viele Menschen die teuren Datendienste nicht leisten. Facebook setzt deswegen auf den kostenlosen Zugang zu populären Diensten, der über eine besondere App angeboten wird. Im Gegenzug entscheidet das Unternehmen, zu welchen Internetdiensten der Zugang freigeschaltet wird. Ähnliche Pläne verfolgt Google, wobei hier die Verbreitung mittels Smartphones im Vordergrund steht, die mit dem von dem Unternehmen entwickelten Betriebssystem Android ausgestattet sind. Beide Unternehmen haben sich zum Ziel gesetzt, auf diese Weise die nächste Milliarde Nutzer – und damit potenzielle Kunden – zu gewinnen.[10] So wichtig zusätzliche Investitionen in digitale Infrastrukturen in Afrika, abgelegenen asiatischen und südamerikanischen Regionen sind, muss doch darauf geachtet werden, dass hier nicht digitale

Kolonien entstehen, in denen der Internetzugang nur unter Kontrolle eines der globalen Großkonzerne möglich ist.

Neue Monopole

Die Internetökonomie hat zwar sehr niedrige Einstiegsschwellen – für die Einrichtung eines Internetangebots ist heute kaum Kapital erforderlich. Für einige wenige Euros pro Monat sind Komplettangebote für Webshops oder andere Dienste zu haben. Andererseits lassen sich erfolgreiche digitale Geschäftsmodelle, die bei wenigen Nutzern gut funktionieren, mit sehr geringem Aufwand auch auf eine sehr viel größere Teilnehmerzahl übertragen – der sogenannte »Skaleneffekt«. Wer über genügend Kapital und ein gut gefülltes Budget für Marketingkampagnen verfügt, hat hier deutlich bessere Chancen als der kapitalschwache Konkurrent.

Besonders erfolgreich war hier Google: Mehr als 90% der von deutschen Internetnutzern gestellten Suchanfragen landen bei dem Unternehmen, in den USA beträgt der Google-Anteil immer noch beträchtliche 75%. Durch seinen effektiven Suchalgorithmus und eine geschickte Verkaufsstrategie für personalisierte Werbebotschaften ist es Google gelungen, innerhalb weniger Jahre zu einem der – gemessen am Börsenwert – wertvollsten Unternehmen der Welt aufzusteigen. Zudem profitierte das Unternehmen von Investitionen in andere, für das Werbegeschäft zentrale Bereiche, etwa von der schon vor Jahren erfolgten Übernahme des digitalen Anzeigenverkäufers DoubleClick und dem Kauf des Videokanals YouTube.

Internetdienste mit großen Nutzerzahlen können die Teilnehmer besonders eng an sich binden, wenn es ihnen gelingt, eigene De-facto-Standards durchzusetzen und die Dienste von Konkurrenzangeboten abzuschotten. Mit einer ähnlichen Strategie war Microsoft in den 1990er-Jahren sehr erfolgreich. Durch gezielte Inkompatibilitäten in seinen Office-Produkten gelang es dem Software-Unternehmen nicht nur, seine Dokumenten-, Tabellen- und Präsentationsformate zu einem De-facto-Standard zu machen. Bei den Betriebssystemen für PCs und bei der Bürokommunikation kam niemand an Microsoft vorbei, was dem Unternehmen riesige Umsätze und Gewinne garantierte. Erst das entschiedene Vorgehen amerikanischer und europäischer Kartellbehörden mit Bußgeldern in Milliardenhöhe hat hier den Markt wieder geöffnet und dazu beigetragen, dass Wettbewerber eine Chance bekamen.

War und ist es selbstverständlich, dass Vodafone-Nutzer mit Telekom-Kunden telefonieren oder Kurznachrichten austauschen, sind Dienste wie WhatsApp oder Facebook hermetisch abgeschottet. Die Kommunikation der Teilnehmer beschränkt sich auf die Mitglieder derselben Community. Dies schränkt die Freiheit der Nutzer erheblich ein und erschwert den Wechsel zu einem anderen Anbieter. Wenn etwa der gesamte Freundeskreis mittels Facebook Kontakt hält, verliert derjenige, der austritt – z. B. weil er mit den Nutzungsbedingungen nicht einverstanden ist –, zugleich sein virtuelles soziales Umfeld. Wer sich entscheidet, wegen gravierender Datenschutzmängel WhatsApp den Rücken zu kehren, kann mit den übrigen Familienmitgliedern, die diesen Dienst nutzen, keine Kurznachrichten mehr tauschen. Die Teilnehmer sind praktisch in dem Dienst eingeschlossen, obwohl sie niemand rechtlich daran hindern kann zu kündigen (»Lock-in-Effekt«). Ein Dienst, der einen solchen Effekt bei sehr vielen Nutzern erreicht hat, wird zum Quasi-Monopolisten, denn für Alternativangebote ist es fast unmöglich, einen relevanten Marktanteil zu gewinnen. So gab es 2014 mehr als 27 Millionen deutsche Facebook-Nutzer, weltweit belief sich ihre Zahl auf 1,35 Milliarden. Selbst dem noch größeren, in anderen Bereichen äußerst erfolgreichen Internetgiganten Google ist es bisher nicht gelungen, bei seinen sozialen Netzwerken auch nur annähernd auf Augenhöhe zu kommen. Ein erster Versuch des Unternehmens, mit dem Dienst »Buzz« ein eigenes soziales Netzwerk aufzubauen, scheiterte völlig, der neue Anlauf mit Google+ dümpelt vor sich hin.

Trotz einzelner Misserfolge erzielte Google im vierten Quartal 2014 einen Reingewinn von 4,8 Milliarden US-Dollar – bei einem Umsatz von 18,1 Milliarden US-Dollar.[11] Bei Facebook waren es im selben Zeitraum 3,85 Milliarden US-Dollar Umsatz und 701 Millionen US-Dollar Gewinn. Obwohl Facebook und Google hinsichtlich ihrer Beschäftigtenzahlen, ihres Umsatzes und auch des Gewinns nicht an die größten Industriekonzerne heranreichen, dominieren sie bereits die Börsen. Gemessen am Börsenwert ist Apple sogar das weltweit wertvollste Unternehmen (615 Milliarden Euro), gefolgt von Exxon Mobil (329 Milliarden Euro), Google (297 Milliarden Euro) und Microsoft (294 Milliarden Euro). Die chinesische Internetfirma Alibaba kommt auf 194 Milliarden Euro, Facebook auf 161 Milliarden Euro und Amazon auf 146 Milliarden Euro.[12] Zum Vergleich: Das größte deutsche Unternehmen Bayer hat einen Börsenwert von 106 Milliarden Euro, gefolgt von Volkswagen (94 Milliarden Euro) und Daimler (86 Milliarden Euro). Das Auseinanderklaffen von Umsätzen und Gewinnen einerseits und dem Börsenwert andererseits drückt die Erwartung aus, dass die Zukunft den Internetgiganten und nicht den klassischen Industrieunternehmen gehört.

Wenn ein Unternehmen so erfolgreich ist, dass es kaum noch Konkurrenz fürchten muss, entscheidet es über die Spielregeln und folgt dabei ausschließlich den eigenen Interessen. Es kann die Preise diktieren und muss dabei auf Wettbewerber keine Rücksicht nehmen. Auch erfolgreiche und innovative Unternehmen wie Google oder Facebook sind nicht daran interessiert, dass ihnen andere in die Quere kommen. Start-ups werden im Silicon Valley zwar gerne mit Wagniskapital ausgestattet, auch von den Internetgiganten. Wenn sie sich allerdings als erfolgreich erweisen, machen die »Großen« den Gründern Angebote, die sie nicht ablehnen können. So sichern sie sich frisches Know-how und schaffen sich zugleich potenzielle Konkurrenten vom Hals – im Ergebnis werden die kapitalstarken Giganten immer unangreifbarer. Wie die zunehmende Konzentration und Monopolbildung bei den Technikkonzernen die Innovation beschleunigt, muss sich indes noch zeigen. In der Vergangenheit tendierten Unternehmen zur Trägheit, wenn sie erst einmal eine marktbeherrschende Stellung gewonnen hatten. Davon ist im Silicon Valley noch nichts zu merken. Aber das letzte Wort ist auch hier noch lange nicht gesprochen.

Während dem Nutzer noch die Wahl bleibt, welchem Internetimperium er sich und seine Daten ausliefert, geraten auch Wirtschaftsunternehmen in immer größere Abhängigkeiten und müssen immer höhere Anteile der Wertschöpfung an die digitalen Vermittler abgeben. Bei den werbefinanzierten Diensten wie Google und Facebook wirkt sich die marktbeherrschende Stellung gleich doppelt aus: Während die Nutzer kaum zu einem Konkurrenten wechseln können, ist die Abhängigkeit der Werbetreibenden noch gravierender. Webshops und andere Unternehmen können es sich praktisch nicht leisten, auf Google- und Facebook-Werbung zu verzichten, ob sie wollen oder nicht.

Nicht verwunderlich ist dabei, dass hiervon zunächst besonders die Branchen betroffen sind, die traditionell mit Informationen umgehen: Zeitungen und Buchverlage. Die Auflagen der Printausgaben sind seit Jahren ebenso rückläufig wie die von ihren Verlagen erzielten Werbeerlöse. Besondere Aufmerksamkeit fand deshalb die Klage von Mathias Döpfner, Chef der Axel Springer AG. Der Vorstandsvorsitzende des Verlags, dessen Enteignung 1968 protestierende Studenten forderten, weil sie ihm den Missbrauch seiner marktbeherrschenden Stellung vorwarfen[13], beklagte im Frühjahr 2014 in einem offenen Brief an Google-Chef Eric Schmidt die totale Abhängigkeit seines Unternehmens von Google. Was die Verlage heute erleben, seien Vorboten einer düsteren

Zukunft: »Ein großer Anteil journalistischer Qualitätsmedien erhält seinen Traffic überwiegend via Google. … Wir – und viele andere – sind von Google abhängig. Google hat in Deutschland zurzeit einen Suchmaschinen-Marktanteil von 91,2 Prozent. … Google braucht uns nicht. Aber wir brauchen Google. Und auch wirtschaftlich bewegen wir uns in anderen Galaxien. Mit vierzehn Milliarden Jahresgewinn macht Google etwa zwanzigmal so viel Profit wie Axel Springer. … Wenn Google einen Algorithmus ändert, bricht bei einem unserer Tochterunternehmen in wenigen Tagen der Traffic um 70 Prozent ein. … Wir haben Angst vor Google. … als Größter unter den Kleinen müssen wir vielleicht auch in dieser Debatte als Erste Klartext reden … Man muss sich fragen, ob Wettbewerb im digitalen Zeitalter generell noch funktionieren kann, wenn Daten so umfangreich in der Hand einer Partei konzentriert sind … Google ist die weltmarktbeherrschende Großbank der Verhaltenswährung. Keiner kapitalisiert sein Wissen über uns so erfolgreich wie Google. Das ist eindrucksvoll und gefährlich.«[14]

Allerdings sind die Warnungen des deutschen Verlagschefs nicht uneigennützig. Der Springer-Verlag gehört zu den entschiedensten Vertretern des Leistungsschutzrechts, einer Art kleinem Urheberrecht, bei dem die Verlage, in deren Zeitung ein Beitrag veröffentlicht wurde, von den Wiederverwertern – insbesondere von den Suchmaschinen – ein Entgelt verlangen können. Auch wenn ein solches Leistungsschutzrecht in einer abgeschwächten Form vom Bundestag vor einiger Zeit beschlossen wurde, änderte es an den Machtverhältnissen wenig. Zudem bot die Debatte um das

Leistungsschutzrecht Google eine gute Gelegenheit, in der Internetcommunity sein Image zu verbessern, denn in der ablehnenden Haltung gegen das Bezahlen für Informationen sind sich große Teile der Internetcommunity und der kommerziell äußerst erfolgreiche Internetgigant einig.

Die vom Springer-Chef in seinem Wutbrief an Google-Chef Eric Schmidt aufgezeigten Verschiebungen sind durchaus real. Und sie beschränken sich nicht auf die Printmedien und die von ihnen abhängigen Autoren, Fotografen, Verlage, Buchhändler und Kioskbesitzer. Auch in der Musik- und Filmbranche wurden die Geschäftsmodelle unterminiert, die den meisten Beteiligten in der Vergangenheit ein mehr oder weniger sicheres Einkommen garantiert hatten. Die alten Modelle beruhten ganz wesentlich auf einer Bindung des jeweiligen Werks an ein Medium (Papier, Tonträger) oder einen Ort (Kino, Lesesaal, Bibliothek). Der schon immer stattfindende Verteilungskampf zwischen den eigentlichen Urhebern, Verlegern und Verkäufern hat sich drastisch verschärft, seit die Werke ohne größeren Aufwand verlustfrei digital reproduziert werden können. Noch gravierender wirken sich die Möglichkeiten aus, Inhalte über das Netz weiterzugeben. Die Umsätze bei Büchern, CDs, DVDs und anderen »Kulturträgern« sind deshalb seit Jahren rückläufig.

Neue Modelle zur Finanzierung (Crowdfunding) oder Verteilung (Streaming) von Musikstücken, Filmen und anderen Werken kompensieren die von der Digitalisierung bewirkten Verluste nur unvollständig. Beim Crowdfunding geht es darum, auf freiwilliger Basis im Netz finanzielle Unterstützung für Projekte zu erlangen. So bemühen sich

Bands darum, mittels Crowdfunding ihr nächstes Album zu finanzieren, oder Regisseure werben auf diese Weise um Unterstützung für den nächsten Film. Auch wenn es inzwischen professionalisierte Crowdfunding-Plattformen gibt, ist kaum vorstellbar, dass hierdurch eine sichere wirtschaftliche Basis für den Kulturbetrieb entsteht. Dies gilt auch für das Streaming, das sich in den letzten Jahren erfolgreich als Alternative zum Download von Musik und Filmen etabliert hat. Anders als beim Download etwa von iTunes, bei dem der Käufer einmal bezahlt und das erworbene Werk wiederholt nutzen darf, bezahlt der Nutzer bei den meisten Streaming-Diensten eine Flatrate und kann innerhalb eines bestimmten Zeitraums beliebig viele Stücke hören oder Videos sehen, erwirbt aber keinen dauerhaften Nutzungsanspruch. Dem Urheber wird zwar jeder Abruf vergütet, wobei sich die Zahlungen aber vielfach auf deutlich unter 1 Cent je Abruf belaufen. Selbst erfolgreiche Musikschaffende können deshalb allein durch Streaming-Dienste wie Spotify oder Pandora nicht überleben. Einen Anhaltspunkt liefern Berechnungen, die auf Daten der britischen Cellistin Zoë Keating basieren.[15] Sie erhielt 0,44 Cent pro abgespieltem Stück bei Spotify und 0,064 Cent für jede YouTube-Wiedergabe. Ein Spotify-Stück müsste 160-mal abgespielt werden, damit die Cellistin so viel verdient wie mit einem einzigen bei iTunes verkauften Song.[16]

Die für den Grammy nominierte Komponistin Ellen Shipley bekam für eines ihrer beliebtesten Stücke, das mehr als 3 Millionen Mal abgerufen wurde, von Pandora lediglich knapp 40 US-Dollar[17], einen Betrag, von dem man in New

York oder Berlin einmal gut essen gehen kann. Demgegenüber feiern erfolgreiche Betreiber der Plattformen immer neue geschäftliche Erfolge.

Das Ich im digitalen Spiegel

Eine dramatische Änderung unserer Weltsicht hat mit der neuen Interaktivität zu tun, die den dramatischen Erfolg sozialer Netzwerke ermöglicht hat. Deren zentrale Idee besteht darin, dass die Mitglieder mit Freunden online Kontakt halten. Die erforderlichen Computerkenntnisse sind minimal, die Folgen sind es nicht. Das Modell ist so erfolgreich, dass der Marktführer Facebook 1,35 Milliarden Mitglieder[18] hat – in Deutschland sind es 27 Millionen, also mehr als die Hälfte aller deutschen Internetnutzer.

Bei den sozialen Netzwerken geht es um Transparenz – gegenüber Freunden, den Anbietern und der Öffentlichkeit. Dabei wird allerdings häufig übersehen, dass diese Transparenz für den Einzelnen häufig instrumentellen Charakter hat wie ein Spiegel, in dem wir uns ununterbrochen betrachten und in unterschiedlichen Posen darstellen. Schaut man sich die Einträge in Facebook und Google+ und die über Twitter versandten Kurznachrichten genauer an, handeln die meisten vom »Ich«: Was tue ich gerade, was habe ich gesehen, was beeindruckt mich. Viele stellen persönliche Fotos ein, Handy-Selfies oder auch Aufnahmen vom nett gedeckten Frühstückstisch oder den Schnappschuss aus dem Fenster des Urlaubsdomizils. Die Botschaft lautet: Hallo, ich bin da, nehmt das zur Kenntnis. Besonders schön ist es, wenn andere Nutzer darauf reagieren, indem sie die Beiträge »liken«, zu »Favoriten« erklären oder an die eigenen Freunde weiterleiten. Neben der Anzahl der »Freunde« sind »Likes« die Währung, in der die individuelle Wertschätzung ausgedrückt wird. Ganz überwiegend sind die Botschaften – auch die Reaktionen – positiv, sodass sich der Einzelne selbst bestätigt fühlt. Nicht umsonst wird man aufgefordert, Beiträge mit einem »Like« zu loben – ein »Dislike« gibt es nicht. Vermutlich liegt im positiven Feedback, das einem im wirklichen Leben kaum zuteilwird, der wesentliche Erfolgsfaktor von Facebook & Co.

Soziale Netzwerke sorgen auch dafür, dass es noch nie so leicht war wie heute, »Freunde« zu gewinnen. Das durchschnittliche Facebook-Mitglied hat 342 Freunde. Den Spitzenwert weisen dabei die Nutzer mit knapp 20 Jahren auf, die auf durchschnittlich knapp 400 Freunde kommen. Je älter die Nutzer, desto weniger Freunde haben sie.[19] Aktiven Twitter-Nutzern folgen im Durchschnitt 117 andere Twitter-Teilnehmer.[20] Diese Durchschnittswerte verschleiern jedoch, wie stark die jeweiligen Gefolgschaften variieren. Während den allermeisten Twitter-Accounts keine oder nur sehr wenige andere folgen, gehen diese Zahlen bei Prominenten in die Millionen. Barack Obama hat 55,3 Millionen Follower, Papst Franziskus immerhin 13 Millionen, davon 247 000 aus Deutschland.[21] Allerdings führt der in sozialen Netzwerken übliche Begriff »Freunde« in die Irre, denn vielfach handelt es sich nicht um echte Freundschaften, sondern bloß um irgendwelche Kontakte oder Menschen mit ähnlichen Interessen, die ansonsten – außerhalb des virtuellen Raums – nichts miteinander zu tun haben. Facebook begrenzt die Zahl der Freunde eines Nutzers auf 5000. Wer mehr virtuelle Sozialkontakte haben will, muss eine Fanpage eröffnen – statt Freunden hat er dann »Fans«, was den tatsächlichen Verhältnissen schon näherkommt. Ob Freunde, Follower oder Fans – letztlich geht es vielen Nutzern nicht in erster Linie darum, ihre eigenen Sozialkontakte durch Facebook, Twitter oder Google+ zu pflegen. Vielmehr ist eine möglichst hohe Zahl der so dokumentierten Kontakte ein für jedermann sichtbarer Ausdruck der Wertschätzung der eigenen Person durch andere Menschen. Dies gilt nicht nur für Politiker, Künstler, Prominente und Journalisten: Wer es schafft, Interesse auf sich zu ziehen, fühlt sich bestätigt.

Bereits vor 20 Jahren wies die Psychologin Sherry Turkle darauf hin, dass Computer »nicht nur Dinge für uns, sondern auch mit uns« tun, und »dies betrifft auch unsere Sicht von uns selbst und anderen«.[22] Ging es damals um recht einfache Computerspiele und Dialogprogramme, ist heute die Ich-Bezogenheit der Web-2.0-Dienste noch viel direkter. Dies gilt nicht nur für Facebook, sondern auch für Foto-Sharing-Angebote, die es dem Nutzer ermöglichen, das eigene Bild mittels Weichzeichnern und anderen digitalen Werkzeugen zu »optimieren«, sich also schöner zu machen, als man eigentlich ist. Solche optischen Optimierungstechniken sind zwar keine neue Erfindung – Make-up-Hersteller und Porträtfotografen profitieren seit eh und je von dem Wunsch der Kunden, sich möglichst attraktiv zu präsentieren. Neu ist allerdings die rasant wachsende Bedeutung, die der virtuellen Selbstpräsentation zukommt, der »Vorstellung, dass wir uns unsere eigene Existenz mit Tweets und Instagram-Fotos beweisen müssen«, wie es etwa Andrew Keen ausdrückt.[23]

Verstörend ist, dass die zunehmende Vernetzung unseres Lebens mit dauernder Erreichbarkeit nicht etwa zu mehr Zusammenhalt führt. Im Gegenteil: Das Vertrauen der Nutzer in andere Menschen und in gesellschaftliche Institutionen nimmt ab und nicht zu. Ausgeprägt ist dieser Vertrauensverfall vor allem in der jungen Generation, die besonders intensiv über WhatsApp und Facebook kommuniziert. So kommt eine repräsentative Studie des Pew Research Center[24] zum erschütternden Ergebnis, dass nur 19% der in den Jahren 1980 bis 2000 geborenen amerikanischen »Millennials« die Frage: »Kann man anderen Menschen vertrauen?« positiv beantworteten – bei der Elterngeneration der in den 1950er- und 1960er-Jahren geborenen »Baby-Boomers« war dieser Wert mit 40% mehr als doppelt so groß. Sie interessieren sich weniger für Politik als die Generationen davor, sie gehen weniger persönliche Bindungen ein, sie engagieren sich weniger in sozialen oder religiösen Zusammenhängen, und sie erwarten keine Hilfe des Staates oder der Gesellschaft, wenn sie in Not geraten. Um es auf den Punkt zu bringen: Es handelt sich mehr denn je um eine total vernetzte Generation von Einzelgängern, um eine »Generation Selfie«, wie es die *New York Times* ausdrückte.[25] Die »Digital Natives« tun sich offenbar schwer mit der Gesellschaft. Und die (noch) von den Älteren geprägten Institutionen tun sich schwer mit den digitalen Eingeborenen.

Das sehr begrenzte gegenseitige Vertrauen bei den Jüngeren hat sicherlich auch damit zu tun, dass viele von ihnen schon Opfer elektronischer »Shitstorms« – der extremen Form digitaler Anmache – geworden sind, in denen sie von anderen Internetnutzern massenhaft mit Beschimpfungen und Beleidigungen fertiggemacht wurden. Anders als im richtigen Leben fehlen bei der elektronischen Kommunikation dämpfende Rückkopplungseffekte, die bei Offline-Diskussionen greifen. Wenn etwa in einer Konferenz ein Teilnehmer extreme, provozierende Beiträge liefert, gibt es für die Diskussionsleitung und die übrigen Beteiligten vielfältige Möglichkeiten, mäßigend zu reagieren, um ein Entgleisen der Diskussion zu vermeiden. Anders im Internet: Hier kommt es schnell zu ungebremsten Eskalationsprozessen, bei denen man sehr schnell an den Punkt gelangt, Teilnehmer auszuschließen oder ihre Beiträge zu blockieren. Aus Furcht vor dem Cybermobbing verzichten manche Nutzer darauf, neue und unkonventionelle Ideen einzubringen – unpopuläre Meinungen behält man für sich, oder man zieht sich vollständig zurück. Eine weitere gefürchtete Erscheinung in Internetforen sind sogenannte »Trolle«, die insbesondere dadurch auffallen, dass sie wiederholt andere Teilnehmer beleidigen oder bewusst provozieren und auf Gegenargumente nicht eingehen. Ein viel schreibender »Troll« kann genügen, um ein ansonsten funktionierendes Diskussions- und Informationsforum lahmzulegen. Diese Beispiele belegen, dass auch elektronische Diskussionsangebote nicht immer ungetrübte Freude auslösen und dass bei den dort geführten Debatten nicht immer sinnvolle Ergebnisse erzielt werden.

2. No Return!

Eine Rückkehr ins analoge Zeitalter wird es nicht geben. Wir können uns den Veränderungen nicht wirklich entziehen, selbst wenn wir digitale Enthaltsamkeit üben und auf Smartphone, Internet und Notebook verzichten. Die elektronische Umwälzung hat längst auch Gerätschaften und Dienste erfasst, die wir alltäglich nutzen und bei denen wir zunächst nicht vermuten, dass sie unser Verhalten aufzeichnen und die Erkenntnisse über das Netz weitergeben. Selbst das auf dem Flohmarkt erworbene oder in Omas Keller gefundene alte analoge Telefon erzeugt wie sein digitaler Nachfolger Verbindungsdaten, wenn man es mit dem digitalen Telekommunikationsnetz verbindet. Fernseher und Autos, Stromzähler, Supermarktkassen und Ticketautomaten im Nahverkehr sind keine eigenständigen Geräte – sie sind vernetzt, erzeugen Daten und geben sie weiter. Wir müssen uns also mit der Digitalisierung auseinandersetzen, unabhängig davon, ob wir den digitalen Wandel positiv oder negativ sehen.

Gab es noch Ende des 20. Jahrhunderts ernst zu nehmende Stimmen, die das Internet für einen vorübergehenden »Hype« erklärten (Microsoft-Gründer Bill Gates 1995) oder für eine »Mode« hielten, die »vielleicht wieder vorbeigehen«

würde (Ines Uusmann, schwedische Ministerin für Verkehr und Kommunikation, 1996), hört man solche Ansichten heute kaum noch. In der zweiten Dekade des 21. Jahrhunderts schwanken die Einschätzungen zwischen schwärzesten Dystopien (negativen Utopien)[1] und totaler Euphorie[2]. Es ist nicht mehr zu bestreiten: Der Weg in die Informations- und Transparenzgesellschaft ist unumkehrbar, aber sein genauer Verlauf ist noch nicht endgültig festgelegt.

Die neue Industrialisierung

In ihrem Video-Podcast betonte Bundeskanzlerin Angela Merkel am 21. Februar 2015, Deutschland müsse den »Schritt hin zur Digitalisierung der Produktion gehen«. Der Sprung in die digitalisierte Industrieproduktion (»Industrie 4.0«) sei für den Wohlstand Deutschlands von entscheidender Bedeutung. Sie werde darauf achten, dass »ich auf der einen Seite den Datenschutz beachte, aber auf der anderen Seite die Verarbeitung von großen Mengen an Daten nicht so restriktiv handhabe, dass neue Produkte gar nicht mehr entstehen können«.[3]

Dass Computer einmal für die Wirtschaft von existenzieller Bedeutung sein würden, war vor 70 Jahren, bei den ersten Schritten ins Computerzeitalter, undenkbar. Die Computertechnik war zunächst ein Nebenprodukt der Kriegsführung im Zweiten Weltkrieg. Mit der ab 1940 gebauten »Turing-Bombe«, einem schrankgroßen, elektromechanisch arbeitenden Rechner, gelang den Alliierten im Zweiten Weltkrieg die Entschlüsselung der militärischen Funksprüche der deutschen Marine. Dieser kriegsentscheidende Durchbruch befähigte die Alliierten, die gefürchtete deutsche U-Boot-Flotte auszuschalten. Lange Zeit – auch nach dem Zweiten Weltkrieg – blieben Computer eine Domäne des Militärs, viele technische Fortschritte gab es nur, weil die amerikanischen Forschungseinrichtungen massiv aus dem Militäretat finanziert wurden. Bis heute werden führende Institute wie das MIT (Massachusetts Institute of Technology) vom US-Verteidigungsministerium gesponsert.[4]

Erst seit Mitte der 1950er-Jahre sickerte die Digitaltechnik allmählich in Großunternehmen und bei statistischen Ämtern ein. Die Rechner – gewaltige Geräte mit riesigem Energieverbrauch, aber mit aus heutiger Sicht lächerlichen Verarbeitungskapazitäten – wurden in Kellern und in ausgelagerten Rechenzentren aufgestellt. An den meisten Arbeitsplätzen änderte sich dadurch zunächst nichts, und an eine Verwendung von Computern im häuslichen Privatbereich war erst recht nicht zu denken. Erst als in den späten 1960er-Jahren Taschenrechner und zehn Jahre später die ersten Home- und Personalcomputer auf den Markt kamen, begann die Digitaltechnik in unseren Alltag einzusickern. Betroffen waren zunächst vor allem Büroarbeitsplätze. Begeisterung löste die neue Technik auch bei manchen – meist männlichen – Jugendlichen aus, die in der digitalen Maschine eine Möglichkeit zum Ausleben ihres Spiel- und Entdeckungstriebs sahen. Manches von dieser Begeisterung hallt noch in der oben zitierten Barlow'schen »Unabhängigkeitserklärung des Cyberspace«[5] wider, die mehr über das Selbstverständnis der Nerds als über die Realität aussagte.

Heute gibt es kaum noch einen Bereich, der von der digitalen Revolution unberührt wäre. Computertechnik steuert alle möglichen Produktionsprozesse. Sie ist die Basis der erfolgreichsten Geschäftsmodelle, und sie entscheidet in immer stärkerem Maße über die Verteilung des erwirtschafteten Reichtums. Dabei ziehen Informationsmonopolisten – die Betreiber von »Sirenenservern«[6] – immer mehr Wertschöpfung an sich, denn sie entscheiden zunehmend darüber, welche Dienstleistungen und Produkte erfolgreich sind, und sie verlangen dafür einen immer größeren Anteil des Erlöses. Dies führt zu dramatischen Verschiebungen zu Ungunsten der eigentlichen Urheber und der traditionellen Vermittler.

Trotz aller Unterschiede im Detail steht die Beherrschung der Vermittlungsprozesse im Mittelpunkt der Geschäftsmodelle des Suchmaschinengiganten Google, der Verkaufsplattform Amazon, des sozialen Netzwerks Facebook, des Auktionsdienstes eBay und der Autovermittlung Uber.

Die Digitalisierung verändert die heutigen Lebensverhältnisse ebenso stark, wie es die Industrialisierung getan hat. Standen im 19. und 20. Jahrhundert die Massenproduktion von Gütern und schließlich die Automatisierung ihrer Herstellung im Mittelpunkt, geht es nun um die massenhafte Sammlung und Auswertung von Daten, um deren Verknüpfung und um die Automatisierung des Denkens durch künstliche Intelligenz. Industriell gefertigte Gegenstände waren in hohem Maße standardisiert und unterschieden sich damit von handwerklich erstellten Produkten, in denen sich die individuellen Fähigkeiten und Vorstellungen des jeweiligen Handwerkers widerspiegelten. Ganzheitliche Arbeitsprozesse wurden durch fabrikmäßige Herstellungsverfahren abgelöst, die hochgradig arbeitsteilig organisiert waren. Jeder einzelne Arbeiter musste nur noch wenige Handgriffe beherrschen und hatte allenfalls eine vage Vorstellung von der Schaffung des Gesamtprodukts. Maschinen übernahmen zunehmend schwere körperliche Arbeiten und bestimmten den Takt des Arbeitsprozesses.

Die zunehmend auch in die Produktion eingedrungene Digitaltechnik verändert die industriellen Arbeitsprozesse ebenso dramatisch. Immer leistungsfähigere, digital gesteuerte Maschinen ermöglichen flexible Herstellungsprozesse und individuelle Produktgestaltungen. Während Henry Ford, der erste Fabrikant, der die Automobilherstellung vollständig auf Massenproduktion umgestellt hatte, zu seinem mehrere Millionen Mal produzierten »Modell T« 1909 halb scherzhaft erklärte: »Any customer can have a car painted any color that he wants so long as it is black«[7], bekommen die Kunden heute weitgehend individualisierte Fahrzeuge, die sich nicht bloß in der Farbe, sondern auch in allen möglichen technischen Parametern und in der Ausstattung unterscheiden. Dies ist nur möglich, weil die Produktionsprozesse bereits weitestgehend computergesteuert ablaufen. Und schon deutet sich mit der Entwicklung von 3-D-Druckern ein neuer Schritt an, der die Produktionsprozesse abermals revolutionieren wird: Während herkömmliche Drucker zweidimensional arbeiten, indem sie Texte oder Grafiken auf Papier bringen, erzeugen 3-D-Drucker dreidimensionale Gebilde, etwa Figuren, Bauteile oder Gebrauchsgegenstände. Die rein softwaregesteuerte Erstellung beliebiger Produkte mit nahezu unendlichen Varianten rückt damit in greifbare Nähe.

Zum ersten Mal in der Geschichte der Menschheit bekommen wir es mit wirklich intelligenten Maschinen[8] zu tun, die in der Lage sind, sich ohne menschliche Einwirkung zu organisieren und – ausgestattet mit »künstlicher Intelligenz« – selbst Entscheidungen zu treffen. Diese neue Qualität zeigt sich in vielen Bereichen, in der Güterproduktion und bei Waffensystemen gleichermaßen wie etwa bei der Bewertung der Kreditwürdigkeit eines Bankkunden oder Versicherungsnehmers. Diese Entwicklung wird kaum aufzuhalten sein, auch wenn die schon vor Jahrzehnten vorgebrachten Warnungen vor den Gefahren einer angeblichen Computerintelligenz heute berechtigter sind denn je.[9]

Digitaler Siegeszug

Niemals in der Geschichte der Menschheit hat sich eine Innovation so schnell durchgesetzt wie die Computertechnologie – nicht einmal 80 Jahre liegen zwischen ihren Anfängen und ihrer umfassenden Durchsetzung. 1936 erfand der britische Mathematiker Alan Turing das Modell des Universalcomputers, das bis heute den meisten digitalen Systemen zugrunde liegt. Nicht viel später konstruierte der deutsche Tüftler Konrad Zuse 1937 den ersten digitalen Rechner mit elektromechanischem Rechenwerk.

Einen Quantensprung machte die Informationstechnik mit der Möglichkeit der Vernetzung von Computern. Die Voraussetzungen für die digitale Datenkommunikation wurden von amerikanischen Wissenschaftlern Anfang der 1960er-Jahre geschaffen, aber es dauerte bis 1969, bis über das ARPANET die ersten Nachrichten versandt wurden. Wesentliche, noch heute verwendete Standards zur digitalen Kommunikation wurden bis Anfang 1983 entwickelt, der eigentlichen Geburtsstunde des Internets. Auf dieser technischen Basis wurden seither immer mehr Computersysteme vernetzt. Zudem war damit eine Plattform für eine Vielzahl von Kommunikationsdiensten vorhanden, etwa für die Versendung von E-Mails. Erst im Jahr 1989, nahezu zeitgleich mit dem Fall der Berliner Mauer, fiel der seinerzeit kaum beachtete Startschuss für das World Wide Web, die Plattform, mit der bis heute beliebige Informationsressourcen über das Internet bereitgestellt und erschlossen werden können. Dabei hatte seinem Erfinder, dem bei dem schweizerischen Atomforschungszentrum CERN arbeitenden Physiker Tim Berners-Lee, zunächst nichts anderes vorgeschwebt als eine Art auf verschiedene Computer verteilter Zettelkasten, der das Erinnern erleichtern sollte.

Nach den von Gordon Moore 1965 formulierten Erkenntnissen verdoppelte sich die Verarbeitungskapazität elektronischer Komponenten regelmäßig (»Moore'sches Gesetz«) bei unveränderten Komponentenkosten.[10] Empirisch hat sich diese These bestätigt. So verdoppeln sich bis heute die Speicherkapazitäten von Festplatten, USB-Sticks und sonstigen Speichermedien alle 18 bis 24 Monate bei unverändertem oder sogar sinkendem Preis. Ebenso schnell beschleunigt sich die Verarbeitungsgeschwindigkeit von Prozessoren, und ähnlich verhält es sich mit den Übertragungskapazitäten in Netzwerken. Es gibt keine Hinweise darauf, dass sich diese Entwicklung verlangsamt. Das anhaltende schnelle digitale Wachstum hat dramatische Folgen: Elektronische Komponenten haben analoge Systeme in nahezu allen Bereichen der Kommunikations-, Antriebs-, Mess- und Steuerungstechnik ersetzt. Informationen werden heute fast durchgängig digital erfasst, gespeichert, übertragen und ausgewertet.

Analoge Telefone, die bis in die 1990er-Jahre in jedem Haushalt und auf jedem Büroschreibtisch standen, findet man heute nur noch auf Flohmärkten. Dabei war der Übergang zur digitalen Übertragungstechnik mit erheblichen Konflikten verbunden. So traf die flächendeckende Einführung des digitalen Telekommunikationssystems ISDN auf Kritik von Datenschützern, die befürchteten, dass damit das Ende der anonymen Kommunikation kommen würde. Die neue Technik ermöglichte die automatisierte Zuordnung jedes einzelnen Kommunikationsvorgangs zu den jeweiligen Teilnehmern, denn parallel zu den Inhalten werden auch die Kennungen des Anrufers und des Angerufenen übertragen. 1993 warnte ich vor den Gefahren, die damit einhergehen, dass die Digitalkommunikation in großem Maßstab überwacht werden kann. Während bei der analogen Kommunikation per Telefon oder Fax das gezielte Abhören nur im unmittelbaren räumlichen Umfeld des Anschlusses erfolgen könne, ermögliche die Digitaltechnik eine »großangelegte Querschnittsüberwachung« im Netz, bei der sowohl die Verbindungsdaten als auch die Inhalte aufgezeichnet würden. Zudem lasse sich mit den Verbindungsdaten jeder Kommunikationsvorgang nachvollziehen und individuelle Kommunikationsprofile würden möglich.[11] Diese Warnungen haben wenig bis nichts bewirkt, obwohl Informatiker wie der leider viel zu früh verstorbene Andreas Pfitzmann Wege aufgezeigt hatten, digitale Netze so zu gestalten, dass eine Massenüberwachung unterbunden oder jedenfalls sehr erschwert worden wäre.[12] Wie vielfach heute noch wurden solche Vorschläge weder von staatlicher Seite noch von Unternehmen aufgegriffen. Neben befürchteten zusätzlichen Kosten widersprachen (und widersprechen) diese überwachungsfesten Techniken den jeweiligen Interessenlagen, bei denen der Zugriff und die Verwertung von Daten von entscheidender Bedeutung sind.

Smartphones und andere elektronische Geräte, mit denen man dauerhaft erreichbar ist, erscheinen vielen Menschen inzwischen unverzichtbar. Kaum jemand möchte heute darauf verzichten, sich im Internet über die Wetteraussichten oder die neuesten Nachrichten zu informieren oder Reisen über das Netz zu buchen. Alltagsgegenstände werden mit Chips ausgestattet. Jedes moderne Kraftfahrzeug enthält heute Dutzende elektronische Systeme, die nicht bloß den Motor oder das Bremsverhalten steuern, sondern auch die Umwelt lückenlos erfassen und schon heute das autonome, fahrerlose Fahren ermöglichen. Selbst in Kleidung werden Funkchips eingenäht, die jede Hose, jedes Kleid und jede Jacke identifizieren.

Dem Wortsinne nach bedeutet »Digitalisierung« die Überführung analoger Informationen in digitale Daten. Im weiteren Sinne beschreibt der Begriff die Einführung digitaler Technologien und die von ihr ausgelösten Veränderungen. Heute übersteigt die digital gespeicherte Informationsmenge den Umfang der konventionell gespeicherten Informationen um ein Vielfaches. Die Berkeley School of Information schätzt den Umfang sämtlicher Texte, die in der Geschichte der Menschheit jemals in allen Sprachen geschrieben wurden, auf 50 Petabytes (1015 Bytes) – eine Datenmenge, zu deren Verarbeitung Google 2013 nicht einmal drei Tagen benötigte. Das Volumen aller Worte, die von allen Menschen, die bisher gelebt haben, jemals gesprochen wurden, schätzen die Wissenschaftler auf etwa fünf Exabytes (5000 Petabytes) – dies entspricht gerade einmal 0,005 Promille der im gesamten World Wide Web verfügbaren Daten.[13] Rein mengenmäßig spielen analog erfasste Informationen kaum noch eine Rolle.

Und doch ist das Bild schief: Auch wenn diese unvorstellbaren Datenmassen digital gespeichert werden, funktionieren wir Menschen nach wie vor analog. Damit wir die in den Daten verkörperten Informationen mit unseren fünf Sinnen (Sehen, Hören, Riechen, Schmecken, Tasten) zur Kenntnis nehmen und interpretieren können, müssen sie in eine analoge Form umgewandelt werden. Auch wäre es vollständiger Blödsinn, das exponentielle Datenwachstum mit einem entsprechenden Erkenntnisgewinn gleichzusetzen. Niemand würde auf die Idee kommen, die künstlerische Qualität eines Gemäldes oder eines Musikstücks aufgrund der darin enthaltenen Datenmenge zu beurteilen. Trotzdem sollte niemand verdrängen, wie dramatisch die Digitalisierung unser Leben und unsere Vorstellung von der Welt verändert.

Quantifizierte Welt

Als eine hessische Angestellte im Herbst 2011 einen Leasingvertrag für ein Auto abschließen wollte, lehnte der Händler dies wegen einer negativen Schufa-Auskunft ab. Wie sich später herausstellte, war der Grund eine schlichte Namensverwechslung. Im zweiten Versuch klappte der Autokauf zwar, allerdings wunderte sich die Käuferin über ihre schlechte »Bonitätsnote«, den sogenannten Scorewert: Die Schufa stufte sie mit 92,9 von 100 gegenüber Banken und 81,1 gegenüber Telekommunikationsunternehmen ein, obwohl sie über ein festes Einkommen verfügte und bisher auch alle Kredite ordnungsgemäß zurückgezahlt hatte. In die Bonitätsnote gehen alle möglichen Informationen ein, um die Kreditwürdigkeit eines (potenziellen) Kunden zu schätzen. Der auf der Grundlage eines mathematisch-statistischen Verfahrens errechnete Scorewert soll Banken, Versandhändlern, Telekommunikationsunternehmen und Vermietern die Wahrscheinlichkeit des künftigen individuellen Zahlungsverhaltens offenbaren. Schlechte Bonitätsnoten führen in aller Regel dazu, dass der Betroffene keinen Kredit erhält oder mehr Zinsen zahlen muss. Um zu erfahren, warum ihre Bonität so schlecht bewertet wurde, zog die Angestellte bis vor den Bundesgerichtshof. Der BGH lehnte das Begehren schließlich Anfang 2014 ab.[14] Zwar hätten die Betroffenen ein Recht zu erfahren, welche personenbezogenen, insbesondere kreditrelevanten Daten bei der Kreditauskunftei gespeichert sind, nicht jedoch die Formel, mit denen der Scorewert berechnet wird. Die Berechnungsmethode sei ein Geschäftsgeheimnis der Schufa.

Dieses Urteil hat erhebliche Konsequenzen, weit über den konkreten Fall hinaus. Letztlich geht es darum, ob der Datenschutz auch dort greift, wo aufgrund »bloß« statistischer Zusammenhänge auf individuelles Verhalten geschlossen wird. Denn auch solche statistischen Bewertungen ziehen erhebliche persönliche Konsequenzen nach sich, nicht nur bei der Beantragung eines Kredits, sondern auch beim Versandhandel, beim Abschluss eines Mobilfunkvertrags und zunehmend auch bei der existenziellen Frage, ob ich als Mieter akzeptiert werde. Scorewerte basieren dabei zunehmend auf der Auswertung riesiger Datenmengen, sog. Big-Data-Verfahren[15], die uns tagtäglich und überall in unserem Alltag beobachten und bewerten. Selbst wer überhaupt niemals einen Kredit aufgenommen oder ihn pünktlich zurückgezahlt hat, kann einen schlechten Scorewert erhalten. Denn Faktoren wie Alter, Geschlecht oder Wohnort, die Dauer eines Arbeitsverhältnisses können die Bonitätsnote negativ beeinflussen. Während in früheren Zeiten die Kreditwürdigkeit im Wesentlichen anhand nachvollziehbarer Faktoren, etwa dem Einkommen, bewertet wurde, ist das digitale Scoring für den Betroffenen praktisch nicht nachvollziehbar.

Dabei greift das »Scoring« immer weiter um sich: Unser Surfverhalten im Internet wird bewertet, um uns passende

Werbebotschaften zuzusenden (»Behavioral Targeting«), Versicherungen werten aus, wie wir mit dem Auto unterwegs sind, und berechnen auf dieser Grundlage unsere Policen (»Pay as you drive«), und US-Sicherheitsbehörden bewerten Fluggastdaten, Telefon- und Internetdaten, um potenzielle Terroristen ausfindig zu machen. Bei solchen Big-Data-Verfahren können wir immer weniger selbst über die Preisgabe und Verwendung unserer Daten bestimmen.

Das BGH-Urteil zeigt, wie wenig Transparenz es hier gibt. Zwar müssen uns Kreditauskunfteien seit 2010 einmal im Jahr auf Anfrage einen kostenlosen »Kontoauszug« über die gespeicherten Daten geben. Auch haben sie uns über wesentliche Faktoren zu informieren, die in Scorewerte eingeflossen sind. Das Urteil des Bundesgerichtshofs verdeutlicht aber, dass dies nicht ausreicht, denn die Scoreformel bleibt geheim. Anders als beim legendären Coca-Cola-Rezept haben wir aber keine Chance, uns zu entziehen und wie bei der Cola etwa zu Pepsi oder Fritz-Kola zu wechseln. Ob bei der Commerzbank oder bei der Sparkasse, ob Vodafone oder Telekom: Wenn ich einen Kredit beantrage oder einen Mobilfunkvertrag abschließen will, kann ich dem Scoring nicht entgehen.

Das allgegenwärtige Scoring ist Ausdruck der Quantifizierung immer weiterer Bereiche. Digitaltechnik macht Gegenstände, Zustände, Prozesse und menschliche Eigenschaften umfassend mess- und quantifizierbar. Im Unterschied zu analogen Informationen lassen sich digitale Daten maschinell erschließen, ordnen und auswerten. Von zentraler Bedeutung ist dabei die Möglichkeit, mittels mathematischer Verfahren statistische Zusammenhänge – Korrelationen – zwischen allen möglichen Merkmalen festzustellen. Die ständig wachsenden Datenmassen und die immer besseren Möglichkeiten zu ihrer Auswertung und zur Simulation zukünftiger Entwicklungen verstärken die schon lange Zeit vorher beobachtbaren Tendenzen zu einem datengetriebenen Reduktionismus: Nur was messbar ist, ist relevant. Was sich nicht zählen (und messen) lässt, zählt nicht. Halb scherzhaft wurde etwa in den 1950er-Jahren hinterfragt, was denn Intelligenz ist. Die Antwort: Intelligenz ist, was der Intelligenztest misst. Der Intelligenzquotient (IQ), vor mehr als 100 Jahren vom deutschen Psychologen William Stern ersonnen, gilt als die entscheidende Messgröße für menschliche Intelligenz. Zu Recht umstritten[16] ist aber seine Aussagekraft, denn er enthält lediglich Aussagen zur rationalen Problemlösung. Ob jemand seinen Job gut machen kann oder nicht, beantwortet der Test nicht. Überhaupt nichts sagen der IQ und andere Messgrößen darüber aus, ob ein Handeln moralisch gerechtfertigt ist. Ein effizient durchgeführtes Verbrechen mag Ausdruck der Intelligenz des Täters sein, bleibt aber kriminelles Handeln. Ein Algorithmus zur Errechnung eines Scorewerts mag mathematisch-statistisch gut begründet sein, aber trotzdem zu untragbaren Ergebnissen führen.

Die immer umfassenderen und mit immer leistungsfähigerer Informationstechnik leichter auszuwertenden Datenmassen entbinden uns auch nicht von der Frage, welche Zusammenhänge sich in den Korrelationen ausdrücken, ja ob überhaupt ein Zusammenhang vorliegt. Manche Befürworter einer quantitativen Weltsicht wie der Chefredakteur des

Internetmagazins *Wired*, Chris Anderson, sind der Ansicht, dass es der mühsamen Frage nach dem »Warum« nicht mehr bedürfe. Wissenschaftliche Methoden, die darauf abzielten, Hypothesen anhand eines Kausalitätsmodells zu testen, seien zum Aussterben verurteilt. Alles, was in Zukunft zähle, sei der statistische Zusammenhang.[17] Eine solche Sichtweise blendet zum einen aus, dass es auch weiterhin Bereiche geben wird, die sich der Quantifizierung hartnäckig entziehen. Zum anderen stellt sich die Frage nach der in den Daten zum Ausdruck kommenden Sinnstiftung. Die Existenz eines statistischen Zusammenhangs rechtfertigt die Diskriminierung einzelner Menschen oder Angehöriger bestimmter Gruppen nicht.

Trotzdem ist nicht zu übersehen: Die umfassende Vermessung eines jeden Individuums hat dramatische Konsequenzen: Algorithmen entscheiden darüber, welche Informationen uns wie präsentiert werden. Die Kriterien, nach denen die Auswahl erfolgt, sind allein den Betreibern der entsprechenden Plattformen bekannt. Vielfach werden mit den immer zahlreicheren Daten persönliche Profile gebildet, aus denen die Sirenenserver[18] unsere vermeintlichen Interessen ableiten. Das Ergebnis ist eine »Filterblase«[19], eine Art virtueller Käfig, in dem wir in unseren Haltungen bestärkt werden und in dem wir im Wesentlichen mit Menschen kommunizieren, die uns mehr oder weniger ähnlich sind. Statt einer gibt es viele »Öffentlichkeiten«, im Extremfall so viele, wie es Nutzer gibt. Schon in der Frühphase des Webs begann die Öffentlichkeit sich zu differenzieren, wie etwa der Medienexperte Uwe Jean Heuser bereits 1996 feststellte.[20] Heute ist die Auflösung einer gemeinsamen Öffentlichkeit sehr viel weiter vorangeschritten, nicht zuletzt wegen der Personalisierung der Informationen durch Google, Facebook & Co. Je mehr Daten diese Unternehmen über uns verarbeiten, desto aussagekräftiger ist unser Interessenprofil und desto passgenauer können Informationen und Werbebotschaften zugeschnitten und gefiltert werden, die etwa als Ergebnis einer Suchanfrage geliefert werden. Dabei sind allerdings die Kriterien, mit denen Netzwerke und Suchmaschinen bestimmte Informationen herausfiltern, für die Nutzer kaum nachzuvollziehen.[21]

Algorithmen übernehmen viele Aufgaben, die bis vor Kurzem von Menschen bewältigt wurden. Algorithmen bewerten unsere Persönlichkeit, und sie teilen mit, ob wir kreditwürdig sind. Sie helfen bei der Partnersuche, und sie erleichtern uns die Orientierung in einer fremden Stadt. Und schon wird darüber diskutiert, ob sie uns nicht ganz ersetzen können. Wenn die Maschinenintelligenz nicht nur die weltbesten Schachspieler bezwingt und uns bei Quizwettbewerben aussticht, wie der IBM-Computer »Watson« bereits im Jahr 2011, sondern auch sonst besser funktioniert als menschliche Intelligenz, warum sind dann noch Menschen notwendig? Oder bewegen wir uns auf ein Zeitalter zu, in dem Menschen mit intelligenten Maschinen zusammenleben, wobei Letztere das Sagen haben? Solche Fragen stellt etwa Ray Kurzweil, der Cheftechnologe von Google.[22]

Für viele Nutzer sind Apps und Algorithmen eine »Black Box«, deren Funktionsweise sie nicht durchschauen. Dabei bewerkstelligt die Software den Informationsaustausch in beide Richtungen: Sie belauscht unsere Lebensäußerungen, und sie gibt uns Feedback. Die eigentliche Datenverarbeitung findet dabei außerhalb unserer Reichweite, auf den Servern der neuen Informationsmachthaber, statt. Auch wenn diese Unternehmen in ihren öffentlichen Statements für umfassende Transparenz eintreten, schotten sie doch ihre Methoden und Datencenter gegen jeden Einblick ab. Wie die von ihnen eingesetzten Algorithmen funktionieren, wie die Daten vernetzt und bewertet werden, gehört nicht nur beim Scoring zu den am besten geschützten Betriebs- und Geschäftsgeheimnissen.

Waren in der Frühphase der Computertechnik lediglich strukturierte, d.h. wohlgeordnete Datenbestände verknüpfbar, ermöglichen neue Softwaretechniken die immer effizientere Auswertung unstrukturierter Daten – eine wichtige Voraussetzung für unfassbar schnelle Recherchen in riesigen Datenbeständen. Google und andere Internetsuchmaschinen machen es vor: Die Suche nach einem Begriff auf global verteilten Servern führt innerhalb weniger Augenblicke zu mannigfachen Ergebnissen. Ob diese Ergebnisse und die ihnen zugrunde liegenden Daten indes richtig oder falsch sind, ist damit nicht gesagt. Ebenso wenig erfahren die Suchenden, nach welchen Kriterien ihnen die Suchergebnisse in welcher Reihenfolge präsentiert werden.

High Speed – Fast Crash

Der Einbruch der Aktienkurse traf die Wallstreet wie ein Blitz aus heiterem Himmel. Am 19. Oktober 1987 trafen waschkörbeweise Verkaufsorders bei den Börsenmaklern ein. Binnen weniger Stunden lösten sich Abermillionen an Aktienwerten in Luft auf, der amerikanische Aktienindex Dow Jones sank innerhalb eines Tages um fast 23 %. Der Tag ging als »Black Monday« in die Finanzgeschichte ein. Erstmals seit dem als »Black Friday« bezeichneten 25. Oktober 1929 war der Dow Jones Index so stark eingebrochen. Es war deshalb naheliegend, dass der »schwarze Montag« viele Menschen an den Börsenkrach von 1929 erinnerte, den Ausgangspunkt der Weltwirtschaftskrise, die weltweit viele Millionen Menschen um ihr Vermögen, ihr Einkommen und ihre Arbeitsplätze gebracht hatte.

Sowohl 1929 als auch 1987 hatten die Aktienkurse unmittelbar vor dem Crash immer neue Rekordwerte erreicht, aber anders als 1929 gab es vor dem Zusammenbruch 1987 keine Anzeichen für eine fundamentale Krise. Eine kleine Unsicherheit bezüglich des Dollarkurses reichte aus, um eine fatale Kettenreaktion in Gang zu setzen. Nachdem die Aktienkurse zunächst nur geringfügig gefallen waren, platzierten die automatischen Handelssysteme Verkaufsangebote, um weitere Verluste zu vermeiden, und setzten so die Abwärtsspirale in Gang. Erst nachdem an vielen Börsen der Handel ausgesetzt wurde, stabilisierten sich die Kurse allmählich wieder. Die nachträgliche Analyse der Vorgänge am 19. Oktober 1987 brachte an den Tag, dass die in den Jahren zuvor eingeführten elektronischen Handelssysteme den Kursverfall verursacht hatten. Sie waren sämtlich so programmiert, dass sie bei sinkenden Kursen Verkaufsorders produzierten, um die Aktienbesitzer vor weiteren Verlusten zu bewahren. Nur so erklärt sich die rasende Geschwindigkeit, mit der sich der Kursverfall vollzog. Um ein Haar hätte der Computerhandel die Weltwirtschaft zum Absturz gebracht, wenn nicht im letzten Moment der Stecker gezogen worden wäre. Der Dow Jones brauchte 15 Monate, bis er wieder das Niveau von vor dem ersten Computer-Börsencrash erreichte.

Die daraufhin eingeführten neuen Regeln für den Computerhandel verhinderten nicht, dass sich die Ereignisse des »schwarzen Montags« wiederholten, und zwar mit vergleichbarer Heftigkeit und mit noch größerem Tempo. Am 6. Mai 2010 verlor der Dow Jones innerhalb weniger Minuten 9% an Wert. Innerhalb von zehn Minuten wurden 1,3 Milliarden Aktien gehandelt, wobei manche Aktien 99% ihres Werts einbüßten – zum Vergleich: Das größte Handelsvolumen beim Börsencrash 1929 betrug 16,5 Millionen Aktien an einem Tag. Nun wurden knapp 1 Billion US-Dollar Börsenwert kurzzeitig vernichtet, wie die Börsenaufsichtsbehörde SEC bei der Untersuchung der Ereignisse später feststellte.[23] Anders als 1987 konnte dieser Börseneinbruch innerhalb einer halben Stunde gestoppt werden. Transaktionen, bei denen die Aktien mit weniger als 50% des Vortagswertes gehandelt worden waren, wurden für ungültig erklärt. Aufgrund dieser Ereignisse führte die New Yorker Börse neue Regeln für den Computerhandel ein, die unter anderem vorsehen, dass der Handel für fünf Minuten ausgesetzt wird, falls die jeweiligen

Aktien in den vorhergehenden fünf Minuten um mehr als 10 % an Wert verloren haben. Wegen der ungeheuren Wucht und kurzen Dauer wird dieser Kurseinbruch heute als »Flash Crash« (Blitzeinbruch) bezeichnet.

Die Digitalisierung beschleunigt Informationsprozesse radikal – mit erheblichen Folgen und Risiken, wie nicht nur die geschilderten Vorfälle zeigen. Während in vergangenen Jahrhunderten eine Nachricht Tage, Wochen, bisweilen sogar Jahre brauchte, bis sie beim Empfänger ankam, reisen die Datenpakete heute in Sekundenbruchteilen rund um die Welt. Die ungeheure Beschleunigung der Kommunikation im Alltag führt zu einer völlig veränderten Wahrnehmung der Realität. Ob in der Kriegsführung, bei staatlichen Entscheidungen oder im Geschäftsleben – überall mussten früher die beträchtlichen Laufzeiten der Informationen einbezogen werden. Dies hatte nicht nur Nachteile: Reaktionen konnten gründlicher überlegt und geplant werden. Heute werden Daten ohne jede wahrnehmbare Verzögerung (in »Echtzeit«) verarbeitet. Jeder Internetnutzer hat prinzipiell die Möglichkeit, jederzeit mit jedem anderen Teilnehmer zu kommunizieren oder Daten weltweit zugänglich zu machen – ein echter Freiheitsgewinn. Andererseits nötigt die Echtzeit-Kommunikation alle Beteiligten zu immer schnelleren Reaktionen. Dies wiederum hat vielfach zur Folge, dass Schnelligkeit vor Sorgfalt tritt. Wer hat nicht schon einmal einen voreiligen Klick auf die Sendetaste bereut, der eine unfertige elektronische Nachricht auf den Weg brachte – ohne Rückrufmöglichkeit? Unangenehm auch, wenn man eine E-Mail irrtümlich an die falschen Adressaten gesandt hat.

Ganz selbstverständlich ist für uns heute unmittelbare Interaktivität digitaler Systeme. Die klare Rollentrennung zwischen Sender und Empfänger, Autor und Rezipienten, die im Print-Zeitalter und auch noch bei Rundfunk und Fernsehen den Umgang mit Informationen prägte, verschwindet zunehmend. Im Internet ist jeder prinzipiell Rezipient und Autor. Unter dem Stichwort »Web 2.0« wurden Dienste so konzipiert, dass auch Nutzer ohne tiefere Computerkenntnisse beliebige Informationen über sich und andere veröffentlichen und auf Veröffentlichungen Dritter reagieren, sie bewerten und kommentieren können. Nicht alle Interaktionen sind indes sichtbar. Vieles läuft im Hintergrund ab, etwa die Einbindung von Diensten, die die »Reichweite« der Angebote messen, oder die Speicherung der »technischen« Daten, die bei jeder Interaktion – auch beim bloßen Lesen – anfallen: IP-Adressen der verwendeten Rechner, Hard- und Software, Sprach- und Landeseinstellungen. Auch die Profilbildung über den Nutzer geschieht im Hintergrund, ohne dass der Nutzer darauf großen Einfluss nehmen kann. Die Betreiber der Dienste wissen sehr viel mehr über die Nutzer, als diese bewusst preisgeben: Sie kennen nicht nur deren Identität, sondern auch deren Gewohnheiten und Aufenthaltsorte: Wann sie online sind, von welchen Computern und wo sie ins Netz gehen. Sie wissen nicht nur um die vom Nutzer eingegebenen Vorlieben, sondern können auch aus dem Verhalten der »Freunde« Schlüsse auf ihn ziehen. So haben Studien ergeben, dass das Geschlecht, die ethnische Zugehörigkeit, die sexuelle Orientierung und die religiöse Ausrichtung eines Facebook-Mitglieds mit einiger Sicherheit allein aufgrund seines Surfverhaltens und seines Freundeskreises eingeschätzt werden kann, auch wenn der Betroffene darüber selbst keine Angaben ins Netz stellt.[24]

Eine weitere Dimension der digitalen Revolution ist deren Globalität. Zwar hat es schon lange vor der Computertechnik weltumspannende Handels- und Kommunikationsbeziehungen gegeben. Spätestens seit der Einführung der Telegrafie in der zweiten Hälfte des 19. Jahrhunderts konnten Informationen in Sekunden über große Distanzen übertragen werden. Die Möglichkeiten zur globalen Echtzeit-Kommunikation wurden indes bis vor wenigen Jahrzehnten überwiegend für geschäftliche, militärische und behördliche Zwecke eingesetzt. Privatpersonen nutzten Telegramme und Fernschreiber nur ausnahmsweise, etwa um über einen Krankheitsfall oder ein freudiges Ereignis zu berichten. Wie dramatisch hat sich dies in den letzten Jahren gewandelt: Das Internet ist nicht nur allgegenwärtig, sondern auch global, und es gestattet jedem Teilnehmer, auf weltweit verstreute Informationen zuzugreifen. »Im ›weltweiten Netz‹ findet sich ›das Wissen der Welt von der Welt‹.«[25]

Internet of Things

»Ist es verrückt, meiner Heizung zu sagen, dass es heute Abend später wird?«, fragt eine nette Dame in der Werbung des Energieriesen RWE und blickt dabei auf ihr Smartphone.[26] Die Frage ist berechtigt, denn die Digitalisierung beschränkt sich längst nicht mehr auf geistige Tätigkeiten. Zunehmend werden Gebäude, Gebrauchsgegenstände, Kleidung, Verpackungs- und Verbrauchsmaterialien, Tickets für Konzert- und Sportveranstaltungen und andere Dokumente mit Computerchips ausgestattet. Schon seit 2005 enthält jeder neu ausgestellte deutsche Reisepass entsprechend einer EU-Vorgabe einen RFID(Radio Frequency Identification)-Chip, auf dem neben den Personalien des Halters auch ein digitales Passfoto und zwei Fingerabdrücke gespeichert werden. Auch der fünf Jahre später eingeführte neue elektronische Personalausweis ist mit vergleichbarer Technik ausgestattet. Zusätzlich enthält der e-Perso Daten, die zur Identifizierung im Internet und zur Abgabe einer elektronischen Signatur verwendet werden können.

Die RFID-Chips können per Funk ausgelesen und bisweilen auch auf diesem Weg beschrieben oder ihr Inhalt verändert werden. Sie sind deshalb eine wichtige Schnittstelle für die Einbindung von Gegenständen in Netzwerke. Aber auch andere Techniken gestatten den Zugriff auf eingebaute Elektronik. Zunehmende Bedeutung haben dabei die in Computern und Smartphones häufig verwendete Bluetooth-Technik, aber auch WLAN-Schnittstellen, die sich mit erreichbaren lokalen Funknetzen verbinden. Auf diese Weise können immer mehr Geräte über das Internet erfasst und gesteuert werden. Das Zusammenwachsen der realen mit der virtuellen Welt wird häufig als »Internet der Dinge« bezeichnet. Dessen grundlegende Idee besteht darin, alle möglichen Gegenstände in die Internetinfrastruktur zu integrieren. Durch den Rückgriff auf die nahezu unbegrenzten

Informationsressourcen des Internets können vergleichsweise einfache elektronische Geräte »smarte« Funktionalitäten erhalten. Der Kühlschrank, der auf einem Display den aktuellen Wetterbericht anzeigt, misst nicht die Außentemperatur und die Luftfeuchtigkeit, sondern er bezieht seine Informationen aus dem Netz. Wer einen Text mit seinem Smartphone diktiert, ist sich häufig nicht darüber bewusst, dass die Audio-Aufnahme zunächst an einen Server übertragen und dort ausgewertet wird. Die Anzeige des lesbaren Textes geschieht dann wieder lokal. Die vernetzten Geräte werden selbst zu Datensammlern, denn sie liefern vielfältige Informationen über sich und ihre Benutzer.

Forscher schätzen, dass im Jahr 2013 bereits mehr als 10 Milliarden Gegenstände per Funk miteinander vernetzt waren und dass sich diese Zahl bis 2020 mindestens verdreifachen wird. Aus dem »Internet of Things« werde auf diese Weise ein »Internet of Everything«.[27] Die allgegenwärtige Vernetzung geht dabei über eine bloß quantitative Ausweitung der Datenverarbeitung hinaus. Mit ihr ändert sich unser gesamtes Zusammenwirken mit der Umwelt. Wenn etwa – wie bereits seit Langem diskutiert – unsere Häuser und Wohnungen »intelligent« werden und sich auf die Gewohnheiten der Bewohner einstellen, ändern sich auch unsere Wahrnehmung und unser Verhalten. Die Grenze zwischen »wirklicher« und »virtueller« Realität verschwindet zusehends. Wissenschaftler sprechen in diesem Zusammenhang von »Connected Spaces«, in denen die verschiedensten Geräte, Gegenstände und Personen in ständiger Kommunikation sind und sich gegenseitig anpassen und voneinander lernen.

Zunehmende Bedeutung gewinnt dabei eine »augmented reality«, womit eine virtuelle Erweiterung der sichtbaren Informationen gemeint ist. Noch beschränken sich solche Angebote der erweiterten Realität im Wesentlichen darauf, zusätzliche Informationen über Orte und Gegenstände zu liefern, die im Internet verfügbar sind. So experimentieren Parteien mit Wahlplakaten, bei denen – wenn man sie mit dem Smartphone fotografiert – aus dem Internet zu den Wahlslogans passende Zusatzinformationen, etwa aus dem Wahlprogramm, geliefert werden. Wesentlich dramatischer könnten solche Ansätze werden, wenn die Zusatzinformationen visualisiert und in elektronische Brillen wie Google Glass eingespielt werden.

Der Einbau von IT in Kleidung deutet einen weiteren Sprung an: Sensoren rücken immer näher an unseren Körper heran. Bereits heute werden in manchen Kliniken Neugeborene mit einem RFID-Armband versehen, um so Verwechslungen im Krankenhaus zu verhindern. Ähnliche Projekte gibt es auch für Demenzkranke, die man auf diesem Wege daran hindern möchte, ihr Krankenhaus oder ihre Wohnanlage zu verlassen[28], eine Art »elektronische Fußfessel« für Alte. Sehr gut verkaufen sich Fitnessarmbänder, die nicht nur die Schritte der Träger zählen, sondern auch deren Schlafgewohnheiten, bisweilen sogar andere Vitalfunktionen, und den Aufenthaltsort aufzeichnen. Die so erhobenen Daten werden an den Anbieter übertragen, der sich zumeist ein exklusives Nutzungsrecht daran ausbedingt. Dass es für diese Angaben auch andere Interessenten gibt, ist naheliegend. So hat der Versicherungskonzern Generali angekündigt, seinen deutschen Kunden einen Rabatt zu gewähren, wenn sie einen gesunden Lebensstil pflegen. Zum Nachweis sollen Fitness-Tracker und Gesundheits-Apps eingesetzt werden.[29] Beitragsnachlass als Lohn für die Dauerüberwachung? Ist das wirklich ein fairer Deal? Was macht das mit uns, und wie beeinflusst dies die Gesellschaft?

Der nächste logische Schritt sind in den Körper eingebaute Funkchips, die zur Ortung, zur Erfassung medizinischer Werte oder auch zur Identifikation verwendet werden. Schon seit Jahren werden in Mexiko Chip-Implantate verwendet, die das Auffinden von Entführungsopfern erleichtern sollen.[30] Furore machte auch ein Club in Barcelona, in dem die Stammgäste anhand eines implantierten Chips erkannt wurden, den sie zur Abrechnung der Drinks verwendeten. Das Modell war offenbar doch nicht so erfolgreich, denn den Club gibt es nicht mehr, und die Technik hat sich bis heute nicht durchgesetzt. Trotzdem wird weiter an entsprechenden Projekten gearbeitet. So berichteten Medien Anfang 2015 über eine schwedische Firma, deren Angestellte sich – natürlich völlig freiwillig – reiskorngroße Chips haben einpflanzen lassen, die zunächst nur den Kopierer entsperren und zur Eingangskontrolle dienen.[31] Außerdem wird über weitere Anwendungsfelder nachgedacht, nicht nur in der Arbeitswelt.

Sharing

»Willkommen zu Hause! Mach mit uns die Welt zu einem Ort, an dem jeder überall zu Hause sein kann. Mit einfallsreichen, liebenswerten Taten werden Schritt für Schritt aus Fremden Freunde.« Mit dieser freundlichen Botschaft wirbt das Portal Airbnb für seinen Dienst, der es Privatleuten und kommerziellen Vermietern inzwischen in mehr als 190 Ländern ermöglicht, ihre Wohnungen oder Häuser für Tage, Wochen und Monate zu vermieten.[32]

Airbnb ist eines der bekanntesten Unternehmen, die mit Geschäftsmodellen erfolgreich sind, die unter dem Stichwort »Share Economy« zusammengefasst werden. Ausgangspunkt ist der an und für sich vernünftige Gedanke, vorhandene Ressourcen besser zu nutzen, die von ihren Eigentümern nur zum Teil in Anspruch genommen werden: Autos, Wohnungen, Werkzeuge. Die gemeinsame Nutzung ermöglicht eine verbesserte Ressourceneffizienz mit entsprechend positiven Folgen für die Umwelt. Wenn etwa ein Auto nicht nur von seinem Eigentümer genutzt wird, sondern auch von anderen Personen, braucht man tendenziell weniger Kraftfahrzeuge, mit entsprechenden Einspareffekten bei Energie und Rohstoffen bei der Herstellung und bei den erforderlichen Parkplätzen. Hier kommt das Internet ins Spiel: Die jeweils verfügbaren Fahrzeuge und die potenziellen Nutzer müssen zusammengebracht werden. Solange dies auf Gegenseitigkeit beruht oder von kommunalen Carsharing-Anbietern organisiert wird, ist dagegen nichts zu sagen.

Allerdings haben Internetunternehmen – allen voran die

auch von Google mit Wagniskapital hochgepäppelte Firma Uber – das Carsharing als lohnendes Geschäftsmodell ins Visier genommen, und sie kassieren für ihre Dienste saftige Provisionen. Das Modell der Internet-Intermediäre Uber und Airbnb ist an sich nicht neu: Im Grunde tut jeder Makler dasselbe, wenn er Miet- oder Kaufinteressenten und Immobilienbesitzer zusammenbringt. Auch Versicherungsvertreter und Vermögensberater leben von den Provisionen, die sie bei erfolgreichen Abschlüssen kassieren. Neu ist allerdings, dass die Vermittlungsdienste weltweit abgewickelt werden und dass sich die jeweiligen Geschäftsmodelle sehr einfach – ohne wesentlich höhere Kosten – skalieren, also auf eine wesentlich höhere Nutzerzahl übertragen lassen. Wenn ein entsprechender Dienst wächst, machen sich Netzwerkeffekte bemerkbar: Je größer die Anzahl der Nutzer und je umfangreicher das Angebot, desto attraktiver – und damit wertvoller – wird der Vermittler und einen umso höheren Anteil an dem erzielten Erlös kann er beanspruchen.

So attraktiv es für den einzelnen Vermieter ist, sich an Sharing-Modellen zu beteiligen, etwa seine Wohnung mit Airbnb an Interessenten zu vermieten, während er selbst Urlaub macht, so gravierend sind die Folgen für die betroffenen Wirtschaftszweige – zumal sich zunehmend auch kommerzielle Vermieter des Share-Angebots bedienen, ohne den kommerziellen Charakter ihrer Angebote immer deutlich zu machen. Bisher professionell erbrachte Dienste, Hotels, Taxen, Handwerker werden durch Hobbyanbieter verdrängt, die entsprechende Leistungen billiger anbieten. Dabei ist der Preisvorteil zum großen Teil dadurch möglich, dass die

Gelegenheitsanbieter – anders als die professionelle Konkurrenz – kaum Steuern und Gebühren bezahlen, weniger für Versicherungen ausgeben und auch keine teuren Prüfungen ablegen oder Gesundheitschecks bestehen müssen.

Während die privaten Leistungserbringer in der Share Economy letztlich für ihre Verfehlungen geradestehen müssen, sorgen die Vermittler durch geschickte Vertragsgestaltung dafür, dass sie von jeder Verantwortung für die vermittelten Dienste frei bleiben. So heißt es etwa in den Airbnb-Nutzungsbedingungen: »Airbnb hat keinen Einfluss auf das Verhalten von Gastgebern, Gästen und anderen Benutzern der Website, der Anwendung oder der Dienste oder auf die Unterkünfte und lehnt in dieser Hinsicht jede Haftung in dem gesetzlich größtmöglichen Umfang ab.«[33] Auch das »Taxi«-Unternehmen Uber drückt sich durch seine Nutzungsbedingungen vor jeder Haftung für den vermittelten Beförderungsdienst: »Uber akzeptiert unter keinen Umständen irgendeine Haftung im Zusammenhang mit und/oder sich ergebend aus den durch den Transport-/Beförderungsanbieter bereitgestellten Transport-/Beförderungsdienstleistungen oder irgendwelche(s) Handlungen, Aktionen, Verhalten, Benehmen und/oder Nachlässigkeit seitens des Transport-/Beförderungsanbieters.«[34]

Viele Share-Economy-Unternehmen stehlen sich nicht nur aus der Verantwortung – sie beuten auch die Daten der Lieferanten und Kunden aus. Im Rahmen der Vermittlung erfahren sie sehr viel mehr über die Nutzer als die Betreiber klassischer Geschäftsmodelle. Um sich die Daten als zusätzliche Einnahmequelle zu sichern, entzieht sich etwa Airbnb durch geschickte Formulierung seiner Nutzungsbedingungen den Datenschutzbestimmungen am Geschäftsort.[35] Sogar der Wunsch von Nutzern, die ausdrücklich der Nachverfolgung im Netz widersprochen haben (»Do not Track«), wird offen ignoriert.

Bisher viel zu wenig beachtet sind Sharing-Modelle, die sich im Arbeitsleben breitmachen: Beim »Crowdworking« werden Dienstleistungen versteigert und an die jeweils billigsten Arbeitskräfte vergeben – weltweit. Dabei geht es sowohl um qualifizierte Tätigkeiten – etwa um Programmierer und Webdesigner – als auch um eine Vielzahl anderer Dienstleistungen. Allein in dem Web-Portal freelancer.com bieten mehr als 14,3 Millionen Menschen (Februar 2015) ihre Dienstleistungen an. Sie profitieren von den beim Crowdworking niedrigen Zugangsschwellen zum globalen Arbeitsmarkt und nehmen dafür sogar erhebliche Nachteile in Kauf. Viele Menschen, die so ihre Arbeitskraft anbieten, vor allem solche aus wenig entwickelten Staaten, stehen vor der trostlosen Alternative der Arbeitslosigkeit und nehmen es deshalb in Kauf, dass sie sozial nicht abgesichert sind.

Für die Unternehmen hat Crowdworking gleich mehrere Vorteile: Sie können Arbeiten sehr viel billiger abwickeln als mit heimischen Arbeitskräften, und sie finden selbst für sehr spezialisierte Tätigkeiten anspruchslose Mitarbeiter. Durch Gewerkschaften erkämpfte Tarifverträge gelten für die neuen »Internetnomaden« ebenso wenig wie nationale Bestimmungen zum Arbeitsschutz, zu Mindestlohn, Kündigungsschutz, Arbeitszeit oder zu Urlaubsansprüchen.[36] Davon profitieren auch die Betreiber der entsprechenden Internetplattformen, die beträchtliche Vermittlungsgebühren kassieren, ohne das geringste rechtliche Risiko oder unangenehme Verpflichtungen einzugehen.

Ein weiterer, wenig beachteter Aspekt der Share Economy besteht darin, dass sie die Ökonomisierung und Kommerzialisierung des privaten Raums beschleunigt. Wer die Wahl hat, »for nothing« die Nachbarskinder zu hüten oder dafür von einer fremden Familie bezahlt zu werden, entscheidet sich nicht notwendigerweise für den Freundschaftsdienst. Wer die Chance sieht, in seiner Freizeit fremde Leute gegen Entgelt im eigenen Auto zu chauffieren, verzichtet dafür vielleicht auf das gemeinsame Abendessen mit der Familie. Auf diese Weise verkehrt sich der gemeinschaftsfördernde Gedanke des Teilens in sein Gegenteil: Leistung nur gegen Entgelt.

3. Die Internetgesellschaft

Wie verändert die Digitalisierung die Gesellschaft? Welche Auswirkungen hat das Internet auf soziale und politische Interaktionen? Welche Risiken, aber auch Chancen bieten sich? Die Zeitzeugen der digitalen Umwälzung lassen sich grob in zwei Gruppen teilen: die Internetoptimisten, die vor allem die Vorteile sehen, welche die neuen Technologien bringen, und die Internetskeptiker, die vor allem die dunklen Seiten hervorheben. Bei nüchterner Betrachtung ist an beiden Sichtweisen etwas dran. Digitale Technik optimiert Produkte, lässt neue Geschäftsmodelle entstehen und ermöglicht vielfältige neue Erkenntnisse. Wer mit ihr umzugehen versteht, entdeckt immer wieder neue Chancen und Vorteile für sich. Andererseits erkaufen wir diesen Gewinn mit Einschränkungen der Privatsphäre, mit mehr Überwachung und mit dem Verlust alter Gewissheiten. Auch die im engeren Sinne politische Sphäre bleibt von den Veränderungen nicht unberührt.

Frühe Protestkulturen

Lange vor der Erfindung des World Wide Web im Jahr 1989 hatte sich rund um die ersten Homecomputer und PCs eine lebhafte, bunte Szene entwickelt. Sie bestand vorwiegend aus technikaffinen, männlichen jungen Leuten, die austesteten, was man mit dem Commodore C64 und vergleichbaren Heimcomputern so alles machen konnte. Programmieren, löten, spielen und vernetzen – alles wurde ausprobiert. Besonders reizvoll erschien es vielen Szenemitgliedern, sich auch außerhalb der offiziellen Wege Zugang zu Telekommunikationsnetzen und Großcomputern zu verschaffen. Mit den dabei gewonnenen Erkenntnissen über Sicherheitsschwächen der IT-Systeme wurde durchaus unterschiedlich umgegangen. Während sich einige der als »Hacker« bezeichneten Computerfreaks in eine fatale Nähe zu Geheimdiensten und anderen zweifelhaften Milieus begaben, suchten andere den Weg in die Öffentlichkeit, d. h., sie wurden politisch. Manche stellten sich in den Dienst anderer Bewegungen – etwa der Umweltschützer –, denen aber die neuen Freunde nicht recht geheuer waren. So lehnten die meisten Grünen Anfang der 1980er-Jahre Computer grundsätzlich ab. Im Dezember 1985 positionierte sich die 8. Bundesversammlung der Partei grundsätzlich gegen neue »Informations- und Kommunikationstechniken (IuK)«, wie es damals hieß: »Die weitere Einführung neuer IuK-Techniken muß solange mit dem Ziel eines Einführungsstops bekämpft werden, bis ihr gesellschaftlicher Nutzen und ihre soziale Unschädlichkeit von den Befürwortern eindeutig nachgewiesen sind.«[1]

Ganz anders sahen es die »Hacker« um Wau Holland und Klaus Schleisiek, die am 12. September 1981 in Westberlin am Tisch der Kommune I in den Redaktionsräumen der linken Tageszeitung *taz* den Chaos Computer Club (CCC) gründeten. Sie sahen in dem Computer vor allem einen Verstärker für gute und schlechte Ideen; nicht der Computer sei schlecht, sondern vielfach die Bedingungen, unter denen er eingesetzt werde. Den Grünen empfahlen sie ein Abrücken von der fundamental ablehnenden Haltung. In einer 1986 im Auftrag der Bundestagsfraktion der Grünen erstellten Studie zum parlamentarischen Computereinsatz schrieben sie den Auftraggebern ins Stammbuch: »Die Haltung der Grünen zu den Fernmeldetechniken (IuK-Techniken) hat sich noch nicht zu einer fundierten Postpolitik entwickelt.« (Anm. d. Verf.: Wegen des damaligen Postmonopols wurden sämtliche Netze ausschließlich von der Deutschen Bundespolitik betrieben.) »An der Basis beginnen immer mehr Gruppen, Computer für ihre eigenen Projekte zu nutzen. Historisch geht es ... um die Kontrolle des fortgeschrittensten Mediums. Politisch um informationelle Selbstbestimmung. Kulturell um die Entwicklung von Netzwerken, netzgemäßem Denken und Handeln.«[2]

Überhaupt entwickelte sich der CCC – wie auch andere alternative Hackerprojekte – zu einem nicht nur in der »Szene« wahrgenommenen Faktor. Öffentliche Bekanntheit erlangte der Club 1984 mit einer Aktion, die »Btx-Hack« oder »Haspa-Hack« genannt wurde. Btx oder Bildschirmtext war der erste elektronische Dienst, den die Bundespost für jedermann über das Telefonnetz anbot. Nach Darstellung der beteiligten CCC-Mitglieder wurden ihnen Teile des Hauptspeicherinhalts des Btx-Zugangsrechners angezeigt. Bei einer Analyse dieser Daten entdeckten sie darin die Zugangskennung eines Benutzerkontos der Hamburger Sparkasse (Haspa) einschließlich des Passworts im Klartext. Daraufhin loggte sich ein CCC-Mitglied als dieser Benutzer der Haspa ein und rief wiederholt eine kostenpflichtige Seite des CCC ab. Dadurch wurden in einer Nacht knapp 135 000 DM der Hamburger Sparkasse (Haspa) zugunsten des Kontos des Vereins fällig, die dieser aber umgehend zurückerstattete, nachdem er den Vorfall öffentlich gemacht hatte. Pikanterweise nutzte der CCC für seine spektakuläre Pressekonferenz Räumlichkeiten des Hamburgischen Datenschutzbeauftragten, zu dem ich wenige Monate später wechselte. Auch bei anderen Gelegenheiten bewiesen CCC-Mitglieder, dass sie es technisch mit kommerziellen Entwicklern und Behörden aufnehmen können. So gelang ihnen 2011 die Meisterleistung, aus dem Binärcode eines mit einem Spionageprogramm infizierten Rechners den Nachweis zu führen, dass es sich dabei um eine von staatlicher Seite zum Ausforschen des Computers entwickelte Software (»Staatstrojaner«) handelte. Heute zählt der Club über 5700 Mitglieder. Zu seinem jeweils Ende Dezember veranstalteten Chaos Communications Congress kamen zuletzt 10 000 Besucher (2014). Man trifft sich nicht mehr in Jugend- und Stadtteilzentren, sondern bucht das größte Kongresszentrum Hamburgs. Medien und staatliche Institutionen kooperieren mit CCC-Experten, die zudem wiederholt vom Bundesverfassungsgericht und von Bundestagsausschüssen als Gutachter angefordert wurden. Der CCC ist indes nicht der einzige Vertreter der computerzentrierten Protestkultur.

Bereits in den »Kinderjahren« des Internets zeigte sich, dass die elektronische Vernetzung Zugang zu neuen Informations- und Kommunikationskulturen abseits ausgetretener Wege der Mainstream-Medien bot. So entstanden in den 1980er-Jahren Bulletin Board Systeme (BBS) oder, wie sie in Deutschland etwas missverständlich genannt wurden: »Mailboxen«. Es handelte sich um ein im Wesentlichen über das Telefonnetz verknüpftes System, über das Textnachrichten ausgetauscht wurden. Sie ähnelten in ihrer Funktionsweise den traditionellen Schwarzen Brettern oder Pinnwänden, auf denen etwa in Betrieben und Schulen interne Informationen weitergegeben werden. An die Stelle von Zetteln, die per Reißzwecke oder Klebeband angeheftet werden, traten bei den BBS von den Nutzern erstellte und ausgetauschte elektronische Mitteilungen. Zu allen möglichen Fragen entstanden Diskussionsgruppen (Newsgroups), die zumeist asynchron miteinander kommunizierten: Die Nutzer wählten sich dabei – häufig per Akustikkoppler oder Telefonmodem mit aus heutiger Sicht lächerlichen Übertragungskapazitäten – bei dem Betreiber der Mailbox ein und holten die für sie bestimmten Informationen ab – Nachrichten abonnierter Diskussionsgruppen (»Bretter») und persönlich adressierte Mails. Zugleich luden sie auf dem heimischen PC formulierte eigene Mails und Diskussionsbeiträge hoch. Die Server tauschten periodisch die jeweiligen Informationen aus – häufig nur in der Nacht, weil dann die Telefontarife niedriger waren. Privilegiert waren diejenigen Nutzer, die –

etwa über ihren Arbeitsplatz in einer Universität – mit einem Rechenzentrum verbunden waren und deshalb ohne größere zeitliche Verzögerung miteinander kommunizieren und die Newsgroups nutzen konnten. Im Regelfall verbreiteten sich die Mails und Diskussionsbeiträge innerhalb von Stunden oder Tagen über große Entfernungen, sie überwanden sogar Länder- und Kontinentalgrenzen. Auf diese Weise entstand ein erstes offenes, nicht kommerzielles elektronisches Informationssystem, das nicht mehr auf Militärs oder Wissenschaftler begrenzt war.

Auf den elektronischen »Schwarzen Brettern« ging es um gesunde Ernährung, persönliche Hobbys und Politik. Die Newsgroups waren dabei vielfältig untergliedert, nach Themengebieten und nach Anschauungen. Da viele der damaligen Newsgroups archiviert wurden, kann man heute noch viele der alten Beiträge im Netz finden. Die Mailboxen waren in Netzen organisiert, deren Betreiber häufig bestimmte politische oder sonstige Präferenzen teilten, etwa in Deutschland die im linken Spektrum angesiedelten LINK-Systeme, das rechtsradikale Thule-Netz oder das eher technisch ausgerichtete Z-Netz. Am bekanntesten wurde das kalifornische BBS-Netz The WELL, das 1985 von Stewart Brand und Larry Brilliant gegründet wurde. Die Abkürzung steht für »Whole Earth 'Lectronic Link«. Es startete mit einem elektronisch geführten Dialog zwischen den Autoren und Lesern der alternativ-ökologischen Zeitschrift *The Whole Earth Review*.[3] Aus dem bis heute fortgeführten Projekt gingen verschiedene Projekte und Organisationen hervor, darunter die Electronic Frontier Foundation (EFF), die sich nach wie vor als Vorreiter bei der Weiterentwicklung des Internets sieht.

In den 1990er-Jahren entstanden in den USA zahlreiche weitere Projekte und Online-Publikationen, über die studentische Proteste und Kampagnen organisiert wurden. Eine solche Plattform war die *San Francisco Free Press*, die verschiedenen Gruppierungen einen reichweitenstarken alternativen Publikationskanal zur Verfügung stellte. Auf derartigen Plattformen erfolgten etwa Enthüllungen über die umstrittene Beschäftigung unterbezahlter Arbeitskräfte in Ländern der Dritten Welt durch den Sportartikelhersteller Nike, und es wurden Kampagnen gegen die atomare Rüstung organisiert.[4] Besonderes Interesse – und viel Unterstützung – fanden insbesondere Kampagnen, die sich gegen die Einschränkung der Netzfreiheit durch staatliche Vorgaben richteten. Besonders hervorzuheben ist hier die Blue Ribbon Campaign gegen ein Gesetzesvorhaben, aus Sicht der amerikanischen Mehrheitsgesellschaft »unmoralische« und pornografische Inhalte im Netz zu verbieten. An einem einzigen Tag riefen mehr als 2 072 000 Net-Citizens wichtige US-Kongressmitglieder an oder sandten ihnen E-Mails, um sie von der befürchteten Begrenzung der Meinungsfreiheit im Netz abzubringen.

Besondere Bedeutung gewannen elektronische Kommunikationsmöglichkeiten stets, wenn Regierungen versuchten, Informationen über bestimmte Vorgänge unter der Decke zu halten. So nutzten schon DDR-Bürgerrechtler im Sommer 1989 eine in Hannover ansässige Mailbox, um Grundsatzerklärungen und Stellungnahmen zu verbreiten. Die Gruppe, die sich »Zentrale Greif« nannte – das war der Spitzname des DDR-Staatssicherheitsdienstes –, arbeitete unter hohem Risiko, denn derartige Aktivitäten waren in der DDR illegal. Um ihre Aktivitäten zu tarnen, verwendete man verschiedene Wege, um Informationen und politische Stellungnahmen elektronisch aus der DDR zu schmuggeln: Mal wurde in einem protestantischen Pfarrhaus ein PC an das einzige Telefon weit und breit gehängt, mal verwendeten die Aktivisten andere Anschlüsse, oder der Informationstransfer in den Westen erfolgte per Diskette. Direkt nach dem Mauerfall im November 1989 installierten dann Gruppen der DDR-Opposition Mailboxen in allen 15 Bezirken des damaligen ostdeutschen Staats.[5]

Einen Eindruck von den Möglichkeiten der Mailbox-Netzwerke bekam ich im August 1991, als eine Gruppe von Militärs und Funktionären der Kommunistischen Partei der Sowjetunion (KPdSU) den damaligen Staatspräsidenten Michail Gorbatschow absetzte. Schon damals gab es auch in Russland einige Mailbox-Betreiber, die über die aktuellen Geschehnisse in Moskau und anderen Städten berichteten und so die von den Putschisten verhängte Nachrichtensperre unterliefen. Aktive Nutzer leiteten die ihnen zugänglichen Informationen über das aktuelle Geschehen in die Mailboxen. Auf diese Weise entstand im In- und Ausland ein detaillierteres und aktuelleres Bild über die Vorgänge als in den klassischen Medien. Die Netze lieferten so gute Argumente für Proteste und Solidaritätsaktionen nicht nur in Russland, sondern auch in Berlin, Hamburg und vielen anderen Städten. Der subversive Einfluss der neuen Nachrichtentechnik beschränkte sich aber auf wenige Aktivisten, und es wäre sicherlich übertrieben, darin einen entscheidenden Faktor für das Scheitern des Militärputsches zu sehen. Trotzdem: Es zeigte sich, dass der elektronische Austausch von Informationen jenseits des medialen Mainstreams politisch sinnvoll sein kann.

Revolution per Twitter und Facebook?

Die Geschwindigkeit, Wirkung und Reichweite der elektronischen Informationsübermittlung hat seither extrem zugenommen und damit auch ihre potenzielle politische Bedeutung. Die immer weiter verbreiteten mobilen Geräte und die Milliarden mit dem Internet verbundenen PCs ermöglichen heute sehr vielen Menschen einen direkten Zugang zum Weltgeschehen. Insbesondere mit Smartphones lassen sich alle Arten von Informationen unmittelbar über das Internet teilen, etwa über soziale Netzwerke oder Video- und Fotoportale. Alle Nutzer können prinzipiell mit allen anderen vernetzten Teilnehmern sprechen und Kurznachrichten oder andere Mitteilungen und Dokumente tauschen: eine schlechte Nachricht für all diejenigen, die Informationen zensieren oder unterdrücken wollen.

Die Unterminierung und Umgehung staatlicher Informationsmonopole wirkt als eine Art Humus, auf dem abweichende Gedanken und oppositionelle Aktivitäten gedeihen. Oppositionelle können sich über Mobiltelefone und das

Internet vernetzen und blitzschnell koordinieren, wie dies – besonders spektakulär – bei der iranischen Revolte 2010 geschehen ist. Damals nutzten junge Protestler neben Telefon-SMS vor allem den Kurznachrichtendienst Twitter zur Verbreitung von Nachrichten und Fotos – man sprach deshalb schnell von einer »Twitter-Revolution«. Besonderes Aufsehen erregten Berichte und Bilder über den gewaltsamen Tod der Studentin Neda. Oppositionelle berichteten darüber in Blogs und posteten Links auf ein in das Videoportal YouTube eingestelltes Video, das zeigt, wie der Vater der jungen Frau und ein Arzt versuchten, das Leben der 26-jährigen Iranerin zu retten, die auf einer Straßenkreuzung in Teheran niedergeschossen worden war. Entsprechende Kurzmeldungen wurden tausendfach weitergeleitet und konnten so eine Wirkung entfalten, die der Reichweite klassischer Medien in nichts nachstand. Der gefilmte Tod von Neda entfaltete im Iran eine ähnliche Wirkung wie in den 1960er-Jahren die Fernsehberichte aus dem Vietnamkrieg für die USA.[6]

Auch wenn die iranische »Twitter-Revolution« letztlich nicht erfolgreich war, erneuerte sich die Hoffnung in die revolutionäre Kraft des Internets im »Arabischen Frühling« 2012. Die Arabellion warf innerhalb kürzester Zeit eine Reihe autoritärer Regime aus der Bahn. Die schnell wachsenden, überwiegend von jungen Leuten getragenen Protestbewegungen vernetzten sich über das Internet und koordinierten ihre Aktivitäten mittels Facebook, Twitter & Co. Ausgangspunkt war wie im Iran zwei Jahre zuvor der gewaltsame Tod eines Menschen, die Selbstverbrennung des 26-jährigen Tunesiers Mohammed Bouazizi. Sein herbeigeeilter Cousin konnte gerade noch sehen, wie der entstellte Körper seines Vetters Mohammed auf eine Bahre gelegt und im Krankenwagen abtransportiert wurde. Geistesgegenwärtig nahm er die Szene mit seinem Smartphone auf. Noch am gleichen Tag verbreitete sich – zunächst über Facebook und Twitter und später im Fernsehen – die Nachricht im ganzen Land und in der ganzen arabischen Welt.[7] Dies war der Funke, der die sozialen und politischen Spannungen in mehreren arabischen Staaten zur Explosion brachte. Diese Wirkung konnte er nur entwickeln, weil die technischen Möglichkeiten dazu vorhanden waren. In früheren Zeiten hätte von dem Vorfall außer den Augenzeugen und dem persönlichen Umfeld des Opfers niemand Kenntnis genommen und nehmen können.

In Tunesien, in Libyen, im Libanon oder in Ägypten: Diktaturen, die über Jahrzehnte nahezu unbegrenzte Macht ausübten, gerieten ins Wanken und fielen schließlich angesichts des zunehmenden Widerstands. Dies geschah auch deshalb, weil Informationen und Bilder über staatliche Willkürakte über die inoffiziellen Kanäle enorme Breitenwirkung entfalteten. Bei den erfolgreichen Protesten in Tunesien und Ägypten wurde deshalb auch von einer »Facebook-Revolution« gesprochen, auch wenn jede Revolte auf mehreren Faktoren beruht und nicht auf den medialen Effekt reduziert werden sollte.[8] Die Wirkung des Internets auf gesellschaftliche und politische Umwälzungen würde falsch eingeschätzt, wenn – wie bisweilen geschehen – eine Art Automatismus zwischen der Zugänglichkeit von Facebook, Twitter & Co. und dem Erstarken der Opposition gegen undemokratische Regierungen hergestellt wird.[9] Sowohl im Iran als auch in

Tunesien entfalteten die elektronischen Dienste deshalb eine besondere Bedeutung, weil das gefilmte Verbrechen an der iranischen Studentin und die mit dem Smartphone aufgenommene Selbstverbrennung des jungen Tunesiers ein Fanal setzten, das die ohnehin vorhandenen Spannungen offen ausbrechen ließ. Dies lässt sich nicht ohne Weiteres auf andere Staaten übertragen, so ungerecht und autoritär sie auch regiert werden.

Anfang 2010 setzte sich die amerikanische Regierung an die Spitze derjenigen, die für eine unbeschränkte Nutzung von elektronischen Medien eintraten. Die damalige US-Außenministerin Hillary Clinton erklärte die »Internetfreiheit« zu einer Priorität der amerikanischen Politik: »Informationsfreiheit unterstützt den Frieden und die Sicherheit und ist damit eine Voraussetzung für den globalen Fortschritt«, führte sie aus. »Wir müssen dafür sorgen, dass diese Mittel in die Hände der Menschen in aller Welt gelangen, die sie dazu nutzen werden, Demokratie und Menschenrechte voranzubringen.«[10] Unter Verweis auf die Erfahrungen in Osteuropa in den 1970er-Jahren, in denen immer wieder abgeschriebene und kopierte oppositionelle Briefe und Berichte (Samisdat) das Vertrauen in die autoritären Staatsführungen untergraben hatten, sah die US-Regierung – so jedenfalls die offizielle Botschaft – die unzensierte und nicht unterdrückbare Kommunikation über das Internet als wichtige Voraussetzung einer demokratischen Entwicklung.

Am 28. November desselben Jahre veröffentlichte die Enthüllungsplattform WikiLeaks mehr als eine halbe Million diplomatische Depeschen und militärische Dokumente, die vom US-Gefreiten Bradley (Chelsea) Manning stammten. Bei der Reaktion der US-Regierung auf diese Veröffentlichungen, die auch Verbrechen der US-Armee im Irak dokumentierten, war von Internetfreiheit allerdings keine Rede mehr. Manning wurde für seinen »Geheimnisverrat« schließlich von einem Militärgericht zu 35 Jahren Freiheitsstrafe verurteilt. Auch gegen die Plattform WikiLeaks, welche die Interna öffentlich gemacht hatte, ging die Administration massiv vor. Auf ihren Druck wurden der Enthüllungsplattform die Spendenkonten gekündigt. Unternehmen, die das Angebot in der Cloud bereitstellten, wurden unter Androhung massiver Nachteile dazu veranlasst, jegliche Kooperation mit WikiLeaks einzustellen. Auch die Reaktion der US-Regierung auf Edward Snowden, der eine Vielzahl geheimer Unterlagen zur globalen Überwachung an die Medien weitergab, ist kaum mit Clintons Bekenntnis zur Internetfreiheit vereinbar. Die Obama-Administration führt spätestens seit Juni 2013, als der britische *Guardian* und die *Washington Post* mit der Veröffentlichung der Snowden-Papiere begannen, einen erbarmungslosen Kampf gegen »Whistle Blower« im eigenen Apparat.

Netz-Konterrevolution

Die iranische »Twitter-Revolution« und der arabische »Facebook-Frühling« machten schlaglichtartig nicht nur die subversiven Möglichkeiten, sondern auch die dunklen Seiten der interaktiven Kommunikationstechniken sichtbar. Sie wurden von den herrschenden Kreisen zunächst unterschätzt und kaum kontrolliert. Weil sie noch nicht auf dem Schirm der Unterdrückungsapparate waren, konnten sie zur Verbreitung regierungskritischer Nachrichten verwendet werden und zur Destabilisierung der autoritären Regime beitragen. Der Glaube in das Internet als Revolutionskatalysator gegen autoritäre Regierungen ist allerdings fast so schnell wieder geschwunden, wie er aufgekommen war. Die autoritären Regime und ihre Geheimdienste haben schnell gelernt, mit den Gefährdungen aus dem Internet oder den Mobilfunknetzen umzugehen, denen sie ausgesetzt sind. Die simpelste Möglichkeit zur Neutralisierung dieser Gefahren bestand zunächst darin, die entsprechenden Netze einfach abzuschalten. So unterbanden die chinesischen Behörden im Jahr 2009 die Internetnutzung in der Unruheregion Xinjiang vollständig, um die Verbreitung unliebsamer Informationen und Protestbotschaften zu unterbinden.

Die »Twitter-Revolte« im Iran wurde auch deshalb niedergeworfen, weil die Behörden die Daten der Protestler nutzten, die diese selbst im Netz bekannt gemacht hatten. Follower-Listen bei Twitter und Facebook-Freundeskreise lieferten den Behörden willkommene Informationen über die Strukturen und Aktivitäten der Opposition – die grausame Bilanz: 100 Tote und 5000 Verhaftungen. Doch nicht nur die iranische Führung hatte sehr schnell begriffen, wie sie das demokratische Potenzial des Internets neutralisieren konnte. Zu dieser Netz-Konterrevolution gehören die flächendeckende Überwachung, die Zensur unliebsamer Inhalte und auch die Manipulation der Meinungsbildung durch bezahlte Staatsblogger.

Selbst in den arabischen Ländern, in denen das digital initiierte Aufbegehren 2012 zunächst erfolgreich war, ist inzwischen Ernüchterung eingetreten. Der Glanz des Sieges der demokratischen Opposition ist inzwischen verblasst, denn stabile Demokratien sind in diesen Ländern nicht entstanden. In Ägypten dauerte der »Frühling«, der mit dem Sturz des Despoten Mubarak seinen Höhepunkt erreichte, nur kurze Zeit. Nach einem kurzen islamistischen Zwischenspiel folgte sehr schnell ein neuer Winter, nachdem das Militär unter maßgeblicher Beteiligung vieler Repräsentanten des alten Mubarak-Regimes wieder die Macht übernahm. Für dieses Rollback kann man nicht die Nutzer oder Betreiber der elektronischen Dienste verantwortlich machen. Deutlich ist aber, dass die neuen Kommunikationsmöglichkeiten nicht automatisch zu mehr Freiheit führen und dass sie sogar von autoritären Führungen zur Unterdrückung der Opposition verwendet werden.

Seit 2009 sind in China viele »inoffizielle Mitarbeiter« im staatlichen Auftrag im Netz aktiv. Sie sollen die in sozialen Medien geführten Diskussionen im Sinne der Parteilinie beeinflussen. Auch wenn deren genaue Zahl nicht feststeht, gehen Beobachter davon aus, dass sich mehrere 100 000 Staatsblogger des chinesischen Ministeriums für Staatssicherheit darum bemühen, die Politik der Partei- und Staatsführung in möglichst günstigem Licht erscheinen zu lassen.[11] Dass den Zensoren und elektronischen Zuträgern der Sicherheitsbehörden bisweilen unangenehme Meldungen entgehen, veranlasste eine kürzlich bekannt gewordene Instruktion der Regionalregierung von Schanghai: »Bei der Online-Berichterstattung sind strikt nur Informationen aus offiziellen Quellen zu benutzen. Es ist strikt verboten, Material von kommerziellen Websites zu verwenden. Verboten ist auch die Nutzung von Informationen aus Weibo, Wechat, sonstiger sozialer oder ausländischer Medien. Die Nutzung falscher oder unvollständiger Informationen, die von Internetnutzern veröffentlicht wurden, ist strikt untersagt. ... Streng verboten ist die Berichterstattung über Anti-Korruptionsfälle. Löschen Sie bösartige Informationen, unterbinden Sie Möglichkeiten, die Partei, die Regierung und das Gesellschaftssystem anzugreifen.«[12]

Derartige Zensuranordnungen ergänzen die Bemühungen der chinesischen Führung, durch eine »Große chinesische Firewall« zu verhindern, dass unliebsame Informationen aus dem Ausland in die chinesischen Netze gelangen. Während sich daraufhin einige Internetunternehmen, etwa Google, vom chinesischen Markt zurückgezogen haben, arbeiten andere weiter mit den Staatsorganen zusammen. So kritisierten Menschenrechtsorganisationen, dass der US-Internetdienst Yahoo wiederholt Kundendaten an die chinesische Polizei herausgegeben hatte. Identifizierte Oppositionelle wurden verhaftet und für Jahre hinter Gitter gebracht. Erst 2013 zog sich auch Yahoo vom chinesischen Markt zurück, offenbar aber nicht aus politischen, sondern aus wirtschaftlichen Gründen. Der Rückzug erfolgte, nachdem der chinesische Yahoo-Ableger von der chinesischen Internetfirma Alibaba übernommen worden war. Chinesische Internetnutzer erhalten bereits seit Jahren Fehlermeldungen, wenn sie nach Begriffen wie »Tiananmen« (Name des Platzes, auf dem 1989 eine oppositionelle Kundgebung vom chinesischen Militär blutig niedergeschlagen wurde) suchen. Auch über Korruptionsfälle und über Ermittlungen gegen Spitzenpolitiker darf nicht berichtet werden. Der Zugang zu ausländischen Diensten wird gesperrt, wenn diese sich nicht »freiwillig« den Zensur- und Überwachungsmechanismen unterwerfen. Aus diesem Grund können viele westliche Dienste, etwa Google und Twitter, nicht mehr genutzt werden. Facebook ist für chinesische Nutzer heute ebenso unerreichbar wie die Website der *New York Times*. Zunehmend werden auch die technischen Umgehungsmöglichkeiten dieser Internetsperren dicht gemacht, etwa der verschlüsselte Zugriff mittels Virtual Private Networks (VPN).[13] Wen Ku, Direktor der Abteilung für Telekommunikation beim chinesischen Ministerium für Industrie und Informationstechnologie (MIIT), begründete die Netzsperren mit der Verpflichtung, »neue Wege für die Sicherheit und den konstanten Betrieb des Internets zu beschreiten … Das Land braucht neue Methoden zur Bewältigung neuer Probleme, … das Internet hat sich im Einklang mit chinesischem Recht zu entwickeln.«[14] Die Chinesische »Große Internet-Firewall« wird immer höher, und sie funktioniert immer perfekter.

Selbst in manchen Staaten mit demokratischem Anspruch werden kritische Beiträge im Internet zensiert und soziale Medien wie Twitter und Facebook blockiert, um auf diese Weise Kritik an der Staatsführung auszuschalten. Ein im Herbst 2014 beschlossenes Gesetz erlaubt es der türkischen

Internetbehörde TIB, unliebsame Websites ohne Gerichtsbeschluss zu sperren. Die Internetanbieter sind verpflichtet, solche Weisungen innerhalb von vier Stunden umzusetzen. Sie müssen zudem alle Daten über das Surfverhalten der Internetnutzer zwei Jahre auf Vorrat speichern und auf Anweisung an die Sicherheitsbehörden weitergeben.[15] Auch in der Türkei beschränken sich die Zensurmaßnahmen nicht auf politische Kritik. Auch andere unangenehme Informationen dürfen nicht verbreitet werden – etwa über die Verwicklung von Angehörigen der Staatsführung in Korruptionsfälle. Vor der gesetzlichen Verschärfung der Internetzensur waren in sozialen Medien Informationen und Mitschnitte von Gesprächen verbreitet worden, die auf die Verwicklung von Spitzenpolitikern in kriminelle Aktivitäten hindeuteten. Solche Berichte will die Staatsführung mit den neu beschlossenen strikten Zensurmaßnahmen offenbar unterbinden.

In manchen Ländern sind oppositionelle Blogger härtesten Sanktionen ausgesetzt. So wurden im Frühjahr 2014 Hunderte chinesische Internetnutzer mit der Begründung verhaftet, sie hätten Gerüchte verbreitet. Einer der Verhafteten war Qin Zhihui, dem vorgeworfen wurde, er hätte in dem chinesischen Kurznachrichtendienst Weibo »unwahre Behauptungen verbreitet und dadurch die soziale Ordnung schwerwiegend beeinträchtigt«.[16] Während den chinesischen Internetaktivisten »nur« Haftstrafen drohen, müssen kritische Blogger in anderen Regionen sogar um ihr Leben fürchten. So begannen im Januar 2015 die saudi-arabischen Behörden mit der Auspeitschung des Bloggers Raif Badawi. Der Gründer der Online-Plattform »Freie Saudische Liberale«

hatte es gewagt, die Trennung von Islam und Staat zu verlangen und das mittelalterlich anmutende saudi-arabische Herrschaftssystem zu kritisieren.[17] Für solche Vorstellungen büßt er nun mit 1000 Peitschenhieben, verteilt auf Raten von je 50 Schlägen, was – wenn die Strafe vollstreckt werden sollte – einem Todesurteil gleichkommt[18], wenn er nicht ohnehin nachträglich offiziell zum Tode verurteilt werden sollte. Dass das saudische Regime wegen dieser eklatanten Menschenrechtsverletzung neben lauer Kritik ernsthafte Sanktionen seiner westlichen Verbündeten erleiden muss, ist bisher nicht bekannt geworden.

Der weißrussisch-amerikanische Internetkritiker Evgeny Morozov fasst die ernüchternde Erkenntnis so zusammen: »Moderne autoritäre Regime verschwinden nicht allein deshalb, weil die Informationsschleusen geöffnet werden, insbesondere weil sie gelernt haben, mit einem Umfeld umzugehen, in dem ein Überfluss von Informationen herrscht. Im Gegensatz zu verbreiteten westlichen Erwartungen können bestimmte Arten von Informationen sie sogar faktisch stärken, statt sie zu schwächen.«[19]

Informationstechnik in den falschen Händen kann fatale, sogar tödliche Folgen haben. Niemand kann sicher sein, dass sich ein derartiger Missbrauch der Informationsmacht nur in weniger entwickelten oder weit entfernten Ländern ereignen kann. Wer meint, Rückfälle in finstere Zeiten könnten bei uns heute nicht mehr passieren, sei gewarnt: Viele Beispiele belegen, dass Gesellschaften ein einmal erreichtes kulturelles oder rechtsstaatliches Niveau auch wieder verlieren können. Zudem sei daran erinnert, dass auch heute weltweit die meisten Menschen in autoritären, d.h. offen diktatorischen oder allenfalls pseudodemokratischen Staaten leben. Die umfassende, massenhafte elektronische Registrierung ermöglicht diesen Regimen die Identifizierung von Kritikern und Dissidenten.

Die jüngere deutsche Geschichte weist gleich zwei Beispiele auf, dass einmal erreichte demokratische und humanistische Standards auch wieder verloren gehen können: die Nazidiktatur und die DDR. Zum Glück verfügten sie nicht über die heutigen technischen Möglichkeiten. Soziale Netzwerke liefern heute Erkenntnisse über Oppositionsgruppen, von denen die Gestapo oder die Stasi nur hätten träumen können. So bedauerte ein Ex-Oberstleutnant der Stasi, dass dem DDR-Nachrichtendienst entsprechende Mittel nicht zur Verfügung gestanden hätten: »Wenn eine Person schon ihre Verbindungen, ihre Freunde, ihre Bekannten preisgibt, dann muss man dies nicht mühsam ermitteln ... Die Personen können in ihren Bewegungen überwacht werden, die Personen können in ihren öffentlichen Äußerungen überwacht werden.«[20]

Der Chef der Stasi-Unterlagenbehörde Roland Jahn, der als Oppositioneller gegen das DDR-Regime aufbegehrte und deshalb von der Stasi intensiv überwacht wurde, ist der Auffassung, »Facebook hätte den Untergang der DDR beschleunigt. Wir hätten uns vernetzt und die freien Informationswege genutzt.« Zugleich hätte aber auch die Stasi Facebook »brutal genutzt«.[21] Besser kann man die Ambivalenz nicht ausdrücken.

4. Auf dem Weg zur digitalen Agora?

Weil das Internet allen Teilnehmern nicht nur den Empfang von Informationen erleichtert, sondern ihnen prinzipiell auch dieselben Möglichkeiten zu deren Bereitstellung bietet, besitzt es – trotz aller Fehlentwicklungen – erhebliches demokratisches Potenzial. Es kann die Beteiligung der Bürgerinnen und Bürger an der Politik erleichtern und ihnen Mittel zur Verfügung stellen, sehr viel zeitnäher und unmittelbarer am politischen Geschehen mitzuwirken. Das zentrale Anliegen demokratischer Willensbildung, aus den Betroffenen Beteiligte zu machen, wird – jedenfalls technologisch – zur greifbaren Zukunftsperspektive. Jedermann-Journalisten können als Blogger an der öffentlichen Meinungsbildung teilnehmen – manche Blogs bringen es dabei auf Zugriffszahlen, die höher liegen als die Auflagen von Printmedien.

Wer sich politisch beteiligen will, muss zunächst wissen, an wen er sich wenden muss. Während es in der Vergangenheit nicht immer leicht war, die Adressaten für ein Anliegen ausfindig zu machen und die Kontaktdaten der Verantwortlichen zu finden, ist dieses Unterfangen heute sehr viel leichter zu realisieren. Internetportale, Suchmaschinen und staatliche Internetauftritte erleichtern die Orientierung und ermöglichen die Kontaktaufnahme, im Idealfall per Mausklick. Die Schwelle zur Mitwirkung ist im Allgemeinen niedriger, wenn elektronische Kommunikationsmittel überall und dauernd zur Verfügung stehen. Je »bedienungsfreundlicher« die Technik ist, desto einfacher ist es auch für Laien, sich an digitalen Diskussionen und Entscheidungsprozessen zu beteiligen.

Nicht nur an der Schnittstelle Staat–Bürger, sondern auch bei der Selbstorganisation von Bürgerinteressen hat sich vieles getan. In der letzten Dekade hat sich die Zahl elektronischer Selbsthilfegruppen, Foren und Bewertungsportale ungeheuer erhöht. Während in der Vergangenheit viele Interessen nur organisierbar waren, wenn sie sich auf ein örtliches oder soziales Umfeld bezogen, gilt diese Begrenzung im Internetzeitalter nicht mehr. Selbst Menschen mit seltenen Hobbys finden im Internet Gleichgesinnte. Wer unter einer seltenen Krankheit leidet, kann sich Rat von Schicksalsgefährten in aller Welt holen. Gewerkschaften, Verbraucher- und Umweltverbände nutzen elektronische Mittel mit der gleichen Selbstverständlichkeit wie Parteien oder Unternehmen. Wer vor 20 Jahren in einem Verein tätig war, kann ein Lied davon singen, welchen Aufwand es bedeutete, eine Mitgliederversammlung zu organisieren. Die Einladungen mussten vervielfältigt und »eingetütet«, die Adressen der Mitglieder auf Briefumschläge übertragen und diese mit Briefmarken versehen werden – glücklich waren diejenigen, denen dazu ein »Freistempler« zur Verfügung stand, ein Gerät, das anstelle der Briefmarke bescheinigte, dass das Porto bezahlt war. Schließlich blieb noch der Weg zum Briefkasten. Heute genügt für eine solche Einladung eine E-Mail, die an einen vordefinierten Verteiler gesandt wird, was keine zusätzlichen Kosten verursacht und sehr viel schneller geht.

Vielfach wird mit elektronischen Wahl- und Entscheidungsverfahren experimentiert. Online-Petitionen gehören zunehmend zum politischen Alltag. Elektronische Verfahren beschleunigen nicht nur die Wahl- und Abstimmungsvorgänge, sie ermöglichen es auch, die Anzahl der beteiligten Personen zu erhöhen. Urabstimmungen, die sich etwa in politischen Parteien einer zunehmenden Beliebtheit erfreuen, könnten auf diese Weise deutlich vereinfacht und verbilligt werden.

Die Werte, zu denen sich die bürgerlichen Demokratien bekennen – Machtbegrenzung und -kontrolle, Achtung der Menschenwürde und Garantie der freien Entfaltung der Persönlichkeit –, finden sich heute in vielen Verfassungen, und sie haben in die »Allgemeine Erklärung der Menschenrechte« Eingang gefunden. Auch wenn staatliche und nicht staatliche Akteure immer wieder gegen diese Grundsätze verstoßen, bilden diese Regeln doch den einzigen weltweit gültigen Wertekanon, also einen fundamentalen Maßstab, der bewahrt und durchgesetzt werden muss. Im Folgenden soll herausgearbeitet werden, wie die Informationstechnologie genutzt werden kann, um diesen Werten Geltung zu verschaffen. Zentral geht es dabei um die verbesserte Mitwirkung der Bürgerinnen und Bürger, zugleich aber auch um Machtkontrolle staatlichen und wirtschaftlichen Handelns.

Wenn heute von digitaler Demokratie die Rede ist, wird häufig an die antike Agora erinnert, bisweilen wird dabei sogar von digitaler Agora gesprochen.[1] Die athenische Agora gilt als Keimzelle der Demokratie. Ihr Zentrum bildete ein weiter Platz, der für vielfältige Zwecke genutzt wurde: als Marktplatz, für religiöse Prozessionen und Feste, als Sportstätte und Exerzierplatz, Theater und als Ort für das »Scherbengericht«, in dem die Volksversammlung per Mehrheitsentscheid über die mehrjährige Verbannung angeklagter Personen entschied. Um diesen Platz herum gruppierten sich Verwaltungs- und Gerichtsgebäude, Archive und andere Einrichtungen, die für das Funktionieren der attischen Demokratie erforderlich waren. Von herausgehobener Bedeutung waren dabei der Areopag – das oberste Gericht – und die Pnyx, die Volksversammlung, die viermal monatlich tagte und über alle Angelegenheiten des Gemeinwesens entschied: über Gesetze, die Versorgung der Bevölkerung und über die militärischen Aktivitäten des Stadtstaats. Die Teilnahme an den Versammlungen war für die männlichen Athener Pflicht, genauso wie die zeitweise Übernahme einer Reihe von Ehrenämtern.[2]

Bei der Übertragung des Modells der Agora ins Internetzeitalter denken wir zunächst an die Möglichkeit zur Information, Diskussion und Meinungsbildung im Netz. Viele der digital stattfindenden Diskussions- und Informationsprozesse laufen in sozialen Netzwerken wie Facebook oder Twitter ab. Vielfach wird dabei aber vergessen, dass diese kommerziellen Dienste keine digitale Agora sind, d. h. ein öffentlicher Ort, der jedem Netzbürger zur Verfügung steht und in dem die Bürgerschaft über die Regeln entscheidet, wie die Kommunikation abläuft. Soziale Netzwerke ähneln eher einem Privatclub, dessen Besitzer darüber entscheidet, wen er hereinlässt. Er bestimmt auch über die dort einzuhaltenden Regeln – die Besucher oder Mitglieder sind zu deren Einhaltung verpflichtet. Sie haben sich an die Hausordnung zu halten, sonst werden sie notfalls vor die Tür gesetzt. Und der Betreiber behält sich die Änderung der Hausordnung vor – wer nicht einverstanden ist, kann ja gehen. Zudem führt nicht jede elektronische Plattform automatisch zu mehr bürgerschaftlichem Engagement, insbesondere wenn nur Meinungen abgefragt, aber keine Handlungsoptionen geboten werden.[3]

Demokratie ist keine Maschine

In zehn Grundsätzen beschreibt der Internetgigant Google seine Unternehmensphilosophie.[4] Grundsatz vier hat die Überschrift: »Demokratie im Internet funktioniert«. Das macht neugierig, denn die Zukunft der Demokratie im Internetzeitalter gehört zu den entscheidenden gesellschaftlichen Fragen. Was Google darunter versteht, können wir nachlesen: »Das Konzept von Google funktioniert, da es auf Millionen von einzelnen Nutzern basiert, die auf ihren Websites Links setzen und so bestimmen, welche anderen Websites wertvolle Inhalte bieten. Wir wenden mehr als 200 Signale und hochspezialisierte Technologien an, um die

Wichtigkeit jeder Webseite einzuschätzen. Von besonderer Bedeutung ist dabei unser PageRank™-Algorithmus, mit dessen Hilfe wir analysieren, welche Websites von anderen Seiten im Internet für gut befunden werden. Diese Methode wird immer besser, je mehr das Internet wächst, da jede Website eine weitere Informationsquelle darstellt und ein weiterer Wert ist, der zählt. Zugleich fördern wir die Entwicklung von Open-Source-Software, bei der durch die gemeinsame Leistung zahlreicher Programmierer der Weg für neue Innovationen geebnet wird.«[5]

Nach der Google-Doktrin ist Internetdemokratie eine Art Maschine, die alle möglichen Informationen bei einem Unternehmen zusammenlaufen lässt, die dieses nach nicht öffentlich zugänglichen Algorithmen auswertet und verwendet. Wie Unternehmen mit Daten umgehen, richtet sich letztlich nach deren wirtschaftlichen Interessen. Die Regeln werden einseitig festgelegt, die Nutzer haben darauf keinen Einfluss, genauso wenig wie auf die Suchergebnisse, die ihnen präsentiert werden. Wenn ihnen die Regeln nicht passen, bleibt den Nutzern letztlich nur die Möglichkeit, den Dienst nicht mehr in Anspruch zu nehmen.

Googles übergreifendes Konzernmotto ist durchaus sympathisch: »Don't be evil«.[6] Aber statt an eine lebendige Demokratie fühlt man sich dabei eher an Sätze erinnert, die man von um Vertrauen der Untertanen buhlenden Monarchen oder Repräsentanten autoritärer Regime erwartet. Es erinnert mich an das Bekenntnis des Ministers für Staatssicherheit der DDR bei seinem letzten Auftritt in der Volkskammer am 13. November 1989: »Ich liebe euch doch alle!«[7]

Dagegen lebt Demokratie von Mehrheitsentscheidungen, von »checks and balances« und Gewaltenteilung, nicht vom Vertrauen der Untertanen, dass die Herrschenden es gut meinen. Von solchen demokratischen Sicherungen ist bei den Internetkonzernen wenig oder gar nichts zu sehen, trotz riesiger Nutzerzahlen. Die Zahl der Facebook-Mitglieder übersteigt mit über 1,3 Milliarden inzwischen die Einwohnerzahl Chinas. Immer wieder hat das Unternehmen seine Nutzungsbedingungen geändert und dabei die Nutzerrechte eingeschränkt. So räumt sich das Unternehmen in seinen Ende Januar 2015 geänderten Nutzungsbedingungen das Recht ein, die Nutzer auch außerhalb seines Dienstes zu beobachten, ihr Surfverhalten zu registrieren und sich auf den von ihnen verwendeten Geräten nach anderen Apps umzuschauen. Die »Einwilligung« in diese noch umfassendere Registrierung und Überwachung erteilen die Nutzer allein dadurch, dass sie den Dienst weiter nutzen.

Wie zivilisiert und demokratisch eine Gesellschaft ist, kann man daran erkennen, welche Freiheiten und Entfaltungsmöglichkeiten sie den Menschen bietet. Diskriminierung, Ungerechtigkeit, Zensur und Manipulation sind Kennzeichen der Unfreiheit, die in demokratischen, aufgeklärten Gesellschaften nichts zu suchen haben.

In der Demokratie geht alle staatliche Macht vom Volke aus. Sie ist allerdings kein herrschaftsfreier Raum, es gibt auch hier Regierende und Regierte. Staatliche Stellen müssen durch das Volk legitimiert werden, und sie haben sich an Recht und Gesetz zu halten – zuallererst an die Verfassung und die darin festgeschriebenen Grundrechte und Verfahren. Über die Zusammensetzung der Volksvertretungen wird in allgemeinen, unmittelbaren, freien, gleichen und geheimen Wahlen entschieden. In der modernen Demokratie haben alle Bürgerinnen und Bürger die gleichen politischen Freiheiten, an der kollektiven Meinungsbildung teilzunehmen, und zwar nicht bloß am Wahltag.

Politik als Markt

»Wir« – das ist vor allem Politik in einem umfassenden Sinn, nicht beschränkt auf Parteien, Parlamente und staatliche Institutionen. Dazu gehören auch Vereine, kirchliche und soziale Gruppen, Bürgerinitiativen und Interessenverbände, welche die Gesellschaft organisieren und ganz wesentlich prägen. Sie wirken an der Meinungsbildung mit und beeinflussen so auch die formellen Machtverhältnisse in den Parlamenten und Regierungen.

In diesem Umfeld agieren Parteien zunehmend wie Informationsunternehmer, die bei ihrer Wahlwerbung mit denselben Methoden arbeiten wie die Internetkonzerne. Aus dieser Perspektive ist der Bürger nicht der Souverän, sondern der Kunde, dem ein politisches Produkt verkauft werden soll. Sein persönliches Umfeld wird analysiert, sein Verhalten, seine Vorlieben und Eigenschaften. Auf Basis möglichst umfassender Profile erfolgt die »persönliche« – besser: personalisierte – Ansprache. Besonders verbreitet ist dieses Polit-Marketing in den USA, wo Barack Obama seine republikanischen Konkurrenten 2008 und 2012 nicht zuletzt deshalb schlagen konnte, weil er die Methoden des digitalen Wahlkampfs besser beherrschte. Mit ausgefeiltem Microtargeting gelang es seiner Wahlkampforganisation, kleinste Wählergruppen und sogar einzelne Wähler gezielt anzusprechen. Die Wahlkampfmanager konnten dabei auf die Erfahrungen der Internetunternehmen zurückgreifen, und sie nutzten dieselben Kanäle und Methoden wie kommerzielle Akteure. »Im Polit-Marketing wissen sie dank der gewaltigen elektronischen Datenspur, die jeder Amerikaner hinterlässt, ziemlich genau, wen sie ansprechen sollten. So tendieren zum Beispiel Subaru-, Volkswagen- und selbst Mercedes-Fahrer dazu, demokratisch zu wählen. BMW-, Porsche- und Landrover-Besitzer sind vielfach Republikaner. Wer CNN guckt, dürfte eher für Obama stimmen als die Fox-News-Zuschauer, die republikanisch gesinnt sind. Cognac-Liebhaber sind überwiegend Demokraten, Becks-Bier-Trinker mehrheitlich Republikaner.«[8]

Von zentraler Bedeutung sind die sozialen Netzwerke, in denen die Nutzer sehr viel von sich preisgeben. Neben den »Grundinformationen«, wie Alter, Beruf, Wohnort und Beziehungsstatus, lässt sich aus dem Nutzungsverhalten, den immer wieder aktualisierten Statusmeldungen und dem jeweiligen Freundeskreis ein detailreiches Interessenprofil gewinnen, das nicht nur für kommerzielle Werbung, sondern auch für Wahlkämpfer interessant ist. Viele Politiker betreiben heute eigene Fanpages auf Facebook und bemühen sich darum, möglichst viele Facebook-Nutzer als Anhänger zu gewinnen. Während es in den konventionellen Internetangeboten der Parteien und Kandidaten fast ausschließlich um politische Inhalte geht, präsentieren sich viele Politiker in ihren Auftritten in sozialen Netzwerken als Menschen mit persönlichen Interessen, Freunden und Vorlieben. Nicht selten werden sportliche und soziale Aktivitäten, Haustiere und Hobbys dargestellt. Bis zur Penetranz twittern einige über jeden Termin, den sie gerade wahrnehmen, über das Wetter oder sonstige Belanglosigkeiten – offenbar ein Signal, dass sie sich von normalen Nutzern nicht unterscheiden. Insofern gleichen diese Auftritte eher virtuellen Homestorys und sagen nicht allzu viel darüber aus, was die Person wirklich bewegt. Niemals liest man von der Intrige des Konkurrenten um einen Listenplatz, kaum etwas von Kummer oder Sorgen. Selten äußert man sich über Niederlagen, umso mehr aber über jeden winzigen Erfolg.

Nicht nur amerikanische Politiker setzen verstärkt darauf, dass ihre Botschaften von möglichst vielen Nutzern geteilt, favorisiert, weitergeleitet oder kommentiert werden. »Making the community spreading the message for you«, so beschreibt eine Facebook-Vertreterin dieses Vorgehen, das von den Werbern auch »virales Marketing« genannt wird. Der Wähler müsse das Gefühl haben, dass er in die Diskussion einbezogen werde.[9] Dass es sich dabei nicht um einen gleichberechtigten Dialog handelt, in dem der Wahlkämpfer mit dem potenziellen Wähler spricht, liegt auf der Hand.

Die deutschen Parteien eifern dem US-Vorbild nach. Sie entsenden regelmäßig Wahlkampfbeobachter in die USA, die sich die neuesten elektronischen Marketing-Tricks abschauen sollen, um sie möglichst zügig auch in Deutschland einzusetzen. Auch bei uns werden immer größere Teile der Wahlkampfbudgets für Internetkampagnen ausgegeben. Dabei sind die Voraussetzungen für Wahlkampagnen beiderseits des Atlantiks ziemlich unterschiedlich. So ist in den USA die Parteipräferenz der Wähler für Demokraten oder Republikaner öffentlich verfügbar, soweit sie sich an den parteiinternen Vorwahlen beteiligen. Direkt oder indirekt – durch Abgleich mit anderen Datenquellen, insbesondere mit von Adressbrokern bezogenen Adresslisten – lassen sich so auch die für Wahlkämpfer besonders interessanten Unentschlossenen oder Wechselwähler identifizieren.

In Deutschland verfügen die Parteien über keine mit den USA vergleichbaren Mikro-Datenbestände. Allerdings dürfen die zu den Wahlen antretenden Parteien auf Daten zurückgreifen, die im Melderegister gespeichert sind. Sie können sich dabei auf bestimmte Altersgruppen beschränken. Besonderes Augenmerk ruht dabei auf den Jungwählern, die das erste Mal zur Wahlurne gehen. Zudem bedienen sich die deutschen Parteien wie ihre US-Kollegen klassischer Datenquellen, die auch für Marktforschungszwecke verwendet werden. Die Alters- und Sozialstruktur der Wahlbezirke – bis hin zu einzelnen Straßenabschnitten – wird mit früheren Wahlergebnissen in Beziehung gesetzt. Aus Telefonbüchern und Melderegistern stammende Angaben werden nach der vermutlichen Parteienpräferenz sortiert und vor allem solche Wählerinnen und Wähler persönlich oder telefonisch angesprochen, die vermutlich noch unentschlossen sind.

Im Internet beschränkten sich die deutschen Parteien bisher im Wesentlichen darauf, den Nutzern digitale Angebote zur Verfügung zu stellen. Die Wahlkampfmanager gehen dabei immer noch von der zweifelhaften Annahme aus, dass die Nutzer im Netz aktiv den Dialog mit den Parteien suchen. Wie eine kürzlich veröffentlichte Studie[10] zeigt, liegen sie aber falsch. Vielmehr verhalten sich die allermeisten Nutzer eher passiv und reagieren allenfalls darauf, angesprochen zu werden.

Die immer intensivere persönliche Ansprache der potenziellen Wählerinnen und Wähler in den zunehmend durch digitale Instrumente bestimmten Wahlkämpfen hinterlässt einen schalen Beigeschmack: Wenn die Wahlberechtigten immer intensiver durchleuchtet und digital bewertet werden, entscheidet letztlich die Qualität der Algorithmen und nicht der Argumente über die Wahlchancen der Kandidaten. Andererseits müssen sich die Wähler aber nicht nach diesem Kalkül richten. Sie können das Internet auch dazu nutzen, selbst aktiv zu werden und mehr von den Parteien und Kandidaten zu erfahren.

Frag zurück!

Während es den Politikern bei Wahlkämpfen – ob traditionell oder digital geführt – darum geht, die Wähler zur Stimmabgabe für die eigene Partei zu gewinnen, müssen sich die so Beworbenen mit dieser Rolle heute nicht mehr zufriedengeben. Vielmehr gilt es, den Spieß umzudrehen: Das Internet bietet einmalige Chancen, den Parteien und ihren Kandidaten auf den Zahn zu fühlen. Plattformen wie abgeordnetenwatch.de machen dabei vor, wie es geht: Bürger fragen, Politiker antworten (wenn sie denn wollen). Die ab 2004 von Hamburger Aktivisten der Bürgerinitiative »Mehr Demokratie« aufgebaute Website[11] hat sich inzwischen zu einem der erfolgreichsten deutschen Kampagnenportale entwickelt. Seine Idee besteht darin, Wähler und Politiker über das Internet zusammenzubringen. Dazu werden über die Kandidaten und Abgeordneten »Grundprofile« angelegt, die Auskunft über die Parteizugehörigkeit, den Wahlkreis und die Berufsbezeichnung enthalten.

Abgeordnetenwatch.de informiert über das Abstimmungsverhalten, die Ausschussmitgliedschaften und Nebentätigkeiten eines jeden Abgeordneten. Die dabei verwendeten Informationen stammen ganz überwiegend aus den Veröffentlichungen der Parlamente. Im Mittelpunkt des Portals steht die Möglichkeit für jeden Internetnutzer, jeden Abgeordneten kostenlos zu befragen. Alle von Bürgern gestellten Fragen werden an die Abgeordneten weitergeleitet. Ob und wie diese allerdings antworten, ist ihre Sache. Angesichts der zunehmenden Bedeutung der elektronischen Kommunikation ziehen es die meisten der so befragten Abgeordneten inzwischen vor, die Anfragen aus dem Portal zu beantworten. Soweit die Fragesteller einverstanden sind, werden ihre Fragen und die Antworten der Abgeordneten zur Veröffentlichung freigeschaltet. Darüber, ob bestimmte Anfragen wegen beleidigender oder rassistischer Inhalte nicht veröffentlicht werden, entscheidet ein vom Verein eingesetztes Moderatorenteam entsprechend einem Kodex. Finanziert wurde und wird die Plattform überwiegend durch Spenden. Zudem tragen Kandidaten zur Finanzierung bei, denen gegen einmalige Beiträge zwischen 149 Euro (Landtagswahlen) und 200 Euro (Bundestagswahlen) die Möglichkeit geboten wird, zusätzlich zum Grundprofil ein Foto, einen kurzen Lebenslauf, einen Terminkalender und Verweise auf eigene Webseiten einzustellen. Auch wenn zunächst nur wenige Abgeordnete die Möglichkeit zu einer solchen »Profilerweiterung« nutzten, reichte dieser Beitrag anfangs aus, um das Projekt vorläufig zu finanzieren.[12] Angefangen hatten die Initiatoren mit dem hamburgischen Landesparlament, der Hamburger Bürgerschaft. Inzwischen funktioniert abgeordnetenwatch.de auch beim Bundestag, den meisten der 16 Landesparlamente und einer zunehmenden Anzahl von Kommunalvertretungen – wenn auch nicht überall mit der vollen Funktionalität.

Ein anderes erfolgreiches deutsches Internetprojekt, bei dem es ebenfalls um die Wahlen geht, ist die von der Bundeszentrale für politische Bildungsarbeit betriebene Website »Wahl-O-Mat«.[13] Sie soll es dem Wähler ermöglichen, seine inhaltlichen Positionen mit den Wahlprogrammen der Parteien abzugleichen. Das auf einem niederländischen Vorbild (»StemWijzer») beruhende System ging zur Bundestagswahl 2002 in Betrieb. Die Nutzer konnten sich zu 27 Thesen bekennen, die jeweils den Wahlprogrammen entnommen waren. Am Schluss wurde ihnen die eigene Nähe zu den im Bundestag vertretenen Parteien SPD, CDU/CSU, PDS, Bündnis 90/Die Grünen und FDP angezeigt – teilweise mit für die Betroffenen selbst verblüffenden Ergebnissen. Seither wurde der Wahl-O-Mat bei einer Vielzahl von Landtags-, Bundestags- und Europawahlen eingesetzt und auf alle zur Wahl stehenden Parteien erweitert, soweit diese die erforderlichen Informationen zu den Wahl-O-Mat-Thesen zur Verfügung stellen. Bei der Bundestagswahl 2013 »spielten« 13,3 Millionen der knapp 62 Millionen Wahlberechtigten den Wahl-O-Mat bis zum Wahltag im September und bescherten dem Wahl-O-Mat so einen neuen Nutzerrekord.

Neuland Netzpolitik

Als Angela Merkel auf der Pressekonferenz am 19. Juni 2013 sagte, »das Internet ist für uns alle Neuland«[14], stieß sie in den Medien und in der Internetcommunity auf beißende Kritik, Hohn und Spott. Twitter-Nutzer machten sich auf Tausenden von Kurznachrichten über die »inkompetente« Kanzlerin lustig. Dabei hatte Angela Merkel nur ausgesprochen, was im politischen Berlin jeder aufmerksame Beobachter feststellen konnte: Die Internetrevolution ist vielleicht bei den Wahlkampfmanagern, nicht aber bei den Spitzenpolitikern angekommen. Der »Neuland«-Vergleich der Kanzlerin erscheint mir als eine der ehrlichsten Äußerungen zum politischen Umgang mit den digitalen Herausforderungen, ehrlicher jedenfalls als viele Bekenntnisse in auf Hochglanzpapier gedruckten Partei- und Regierungsprogrammen, die mit digitalem Neusprech aufgehübscht wurden, um so den Nachweis unschlagbarer Modernität zu liefern. Hohn und

Spott sind aus meiner Sicht nicht angebracht. Viel wichtiger ist die Frage, warum sich die politische Elite bisher so stiefmütterlich mit den digitalen Themen auseinandersetzt.

Zum einen sind diejenigen, die heute an den wichtigsten politischen Schaltstellen sitzen, fast ohne Ausnahme keine »Digital Natives«. Auch wenn sie biografisch durchaus zu denjenigen zählen, die sich in fortgeschrittenem Lebensalter mit der Computertechnologie hätten beschäftigen können (»Digital Immigrants«), haben dies nur wenige getan. Schließlich gab es für sie genug anderes zu tun, in den Jugendorganisationen der Parteien, in Gewerkschaften oder in politischen Initiativen. Wer sich gut im Internet auskannte, galt seinerzeit nicht unbedingt als politischer Hoffnungsträger, sondern eher als Technik-Freak. Der virtuose Umgang mit der digitalen Technik gehörte deshalb nicht zu den Kernkompetenzen der mittleren Politikergeneration, die jetzt die Richtlinien der Politik bestimmt. Immerhin haben viele von ihnen inzwischen Twitter- und Facebook-Accounts, die allerdings überwiegend von ihren Sekretariaten und Pressesprechern gefüllt werden. Erst mit dem Hineinwachsen der in das Informationszeitalter hineingeborenen »Digital Natives« ändert sich das Bild: Unter ihnen gibt es in allen Parteien Politikerinnen und Politiker, die sich auskennen und die sich mit Fragen der digitalen Zukunft intensiv auseinandersetzen.

Seit einigen Jahren haben die Parteien nicht nur Jugendorganisationen, Arbeitnehmerflügel und Bundesarbeitsgemeinschaften, die sich für die Belange der Rentner einsetzen. Ein relativ neues Phänomen sind parteinahe Organisationen, die sich schwerpunktmäßig mit Fragen der Digitalisierung auseinandersetzen. Der 2010 gegründete Verein »Digitale Gesellschaft« ist zwar offiziell parteipolitisch neutral, viele seiner aktiven Mitglieder fühlen sich aber der Partei Bündnis 90/Die Grünen verbunden – ihm geht es um »bürgerrechts- und verbraucherfreundliche Netzpolitik«.[15] Die SPD leistet sich seit 2011 den Thinktank »D64«, der die digitale Zukunft »aktiv, konstruktiv und kreativ mitgestalten« will.[16] Das 2012 gegründete »c-netz« steht der CDU und CSU nahe und bekennt sich zu einer »bürgerlichen« und »vor allem … verantwortungsvollen Netzpolitik«, wie es in der Selbstdarstellung heißt.[17] Die Linke betreibt das Internetportal »Digitale Linke«, das sich vor allem für die Offenheit der Netze und würdige Arbeitsbedingungen im digitalen Kapitalismus einsetzt.[18] Einer liberalen Netzpolitik »für Freiheit mit Verantwortung« hat sich schließlich der Verein LOAD verschrieben.[19] All diesen Initiativen ist gemeinsam, dass sie ganz überwiegend vom Engagement jüngerer Menschen leben, die sich über die digitale Zukunft Gedanken machen und versuchen, diese auch im Netz auszudrücken. Besonders einflussreich sind sie dabei allerdings nicht. Bisher haben kaum prominente Parteimitglieder und Parlamentarier den Weg in die netzpolitischen Organisationen gefunden. Ihr Einfluss auf die Parteipolitik dürfte deshalb bisher eher marginal sein. Auch nicht besonders groß ist vermutlich der Einfluss der netzpolitischen Arbeitsgemeinschaften, die in den Parteien unter unterschiedlichen Bezeichnungen firmieren. Auch hier findet man so gut wie keine politischen Spitzenkräfte.

Wenig erfolgreich waren bisher auch die Bemühungen, das Internet zur parteiinternen Vernetzung und Meinungsbildung zu nutzen. In den 1995 gegründeten »virtuellen Ortsverein« der SPD verirrten sich nur einige besonders technikinteressierte Parteimitglieder – 2012 wurde er schließlich wieder aufgelöst. Noch wesentlich kürzer war die Lebensdauer des »LV17« genannten virtuellen Landesverbands der Linkspartei. Schon nach drei Jahren segnete der 2001 gegründete LV17 das Zeitliche. Auch die Vernetzungsstrukturen der anderen Parteien sind keine Erfolgsgeschichten. So hat sich das mit erheblichen Mitteln aufgebaute parteiinterne Netz »Wurzelwerk« der Grünen nicht ansatzweise zu der angestrebten alternativen Diskussions- und Informationsplattform entwickelt. Fast durchgängig beschränkte sich die Techniknutzung bei der Meinungsbildung in den Parteien auf relativ kleine, technikbezogene Minderheiten. Die einzige Ausnahme bildet die Piratenpartei, in deren Konzept technische Möglichkeiten zur innerparteilichen elektronischen Kommunikation und Meinungsbildung von Anfang an stärker ausgeprägt waren.

Immerhin bekamen einige jüngere Bundestagsabgeordnete in der 2010 eingesetzten »Enquetekommission Internet und digitale Gesellschaft« die Gelegenheit, sich intensiv mit der digitalen Zukunft auseinanderzusetzen. Die Kommission behandelte bis zu ihrer Auflösung 2013 eine Vielzahl von Themen und legte in 14 Berichten umfangreiche Bestandsaufnahmen und Handlungsempfehlungen vor. Dabei waren sich die Mitglieder überraschend – parteiübergreifend – darüber einig, was zu tun sei, vor allem in den sachbezogenen Projektgruppen. Als jedoch über Positionen abgestimmt werden sollte, mussten sich die Mitglieder mit ihren jeweiligen Fraktionsspitzen abstimmen. Diese verhinderten allzu viel Konsens – etwa bei der Netzneutralität, beim Datenschutz und bei der Vorratsdatenspeicherung. Der Traum einer parteiübergreifenden Koalition der Netzpolitiker war ausgeträumt.

Dass es überhaupt zur Einsetzung der Enquetekommission gekommen war, hängt mit einer Entwicklung zusammen, die außerhalb des Bundestages stattfand: dem Aufstieg der Piratenpartei. Die Partei war zwar schon 2006 nach dem Vorbild der schwedischen »Piratpartiet« als »Partei der Informationsgesellschaft« gegründet worden, allgemeine Beachtung fand sie jedoch erst, als sie 2009 zur Bundestagswahl antrat und aus dem Stand 2 % der Zweitstimmen erreichte. In den Zentralen der etablierten Parteien müssen damals die Warnleuchten angegangen sein. Auch wenn die Piraten deutlich die 5 %-Klausel verfehlten, war nicht zu übersehen, dass hier ein möglicher Konkurrent entstanden war, der das von ihnen vernachlässigte Feld der Netzpolitik besetzte. Dieser Eindruck verstärkte sich, als die Piraten bei den folgenden Landtagswahlen noch erfolgreicher abschnitten als bei der Bundestagswahl. In Berlin, Nordrhein-Westfalen, im Saarland und in Schleswig-Holstein gelang ihnen mit Ergebnissen zwischen 7,4 und 8,9 % (Berlin) sogar der Einzug in die Landesparlamente.

Themen der Piratenpartei waren insbesondere die Freiheit im Netz und der Kampf gegen eine staatliche Regulierung dieser Sphäre. Außerdem experimentierte sie mit neuen Beteiligungs- und Entscheidungsmodellen, etwa mit einer als »Liquid Democracy« bezeichneten Mischform aus direkter individueller Mitwirkung der Parteimitglieder und repräsentativer Entscheidungsfindung. Ob man sich direkt einmischt und sein Votum individuell abgibt oder ob man seine Stimme an Dritte, etwa Experten oder besonders vertrauensvolle Personen, delegiert, entschied jeder Einzelne selbst. Mit ihrer Technikorientierung und Experimentierfreude traf die neue Partei augenscheinlich den Nerv eines Teils der jüngeren Generation. Was lag da näher, als netzpolitische Themen auch in der »offiziellen« Politik stärker zur Geltung zu bringen – etwa durch Einsetzung einer Enquetekommission. Eine solche Kommission kann zwar einige Öffentlichkeitswirkung entfalten, echten Einfluss auf die Entscheidungen des Bundestags kann sie aber – anders als die regulären Ausschüsse – nicht nehmen. Enquetekommissionen brauchen häufig die gesamte Legislaturperiode, bis sie ihren Abschlussbericht vorlegen – meist kurz vor den Wahlen, zu spät jedenfalls, um die Ergebnisse noch in Beschlüsse umzumünzen. So erging es auch der besagten Enquete zu Internet und digitaler Gesellschaft: Keiner der von ihr vorgelegten Vorschläge wurde bisher umgesetzt. Dazu beigetragen mag auch haben, dass sich die Piratenpartei nach ihren anfänglichen Wahlerfolgen hoffnungslos in internen Streitigkeiten verfing und eine immer stärkere Fluktuation der Vorstände erlebte.

Herausragende Funktionsträgerinnen – wie die politische Geschäftsführerin Marina Weisband – traten von ihren Ämtern zurück oder verließen – wie der Berliner Abgeordnete und Parteichef Christopher Lauer – sogar die Partei. Inhaltlich zerstritt man sich vor allem bei Fragen, die nicht zur eigentlichen Netzpolitik gehörten, etwa bei der zum Bundeswehreinsatz in Afghanistan und beim Umgang mit Rechtsextremen. So war es eigentlich keine Überraschung mehr, dass die Piraten bei den Landtagswahlen 2013 und 2014 erfolglos blieben und bei der Europawahl 2014 nur noch magere 1,4% der Stimmen einfahren konnten. Aus Perspektive der etablierten Parteien war die Gefahr damit vorüber, und die meisten Netzpolitiker mussten sich wieder mit den harten Plätzen auf der Hinterbank zufriedengeben.

Dass es den Netzpolitikern bisher nicht gelungen ist, ihre Themen in der allgemeinen politischen Debatte zu verankern, liegt allerdings auch an ihnen selbst, worauf Nico Lumma, Co-Vorsitzender des Vereins D64, selbstkritisch anmerkt: »Erstens wird ein Diskussionsstil im Netz gewählt, der schon mal klar macht, dass man ohne technischen Sachverstand gar nicht erst mitzudiskutieren braucht … Hinzu kommt eine Diskussionsführung, die wenig Raum für Kompromisse lässt und einen deutlichen Hang zur Rechthaberei offenbart. … Zweitens ist die Themenauswahl so sperrig, … dass die Experten weiterhin unter sich bleiben.«[20] Deshalb stehen wir vor der doppelten Herausforderung, die Politik internetfähig zu machen und die Netzdebatte zu politisieren – gleich zwei dicke Bretter, die da zu bohren sind.

Digitale Zivilgesellschaft

Gibt es eigentlich so etwas wie eine »digitale Zivilgesellschaft«? Ich bin davon noch nicht ganz überzeugt, obwohl sich immer mehr zivilgesellschaftliche Initiativen des Internets bedienen. Die Zahl der Menschen, die das Internet nutzen, hat dramatisch zugenommen, und sie wächst weiter: Waren bei der Veröffentlichung von Barlows »Unabhängigkeitserklärung des Cyberspace«[21] im Jahr 1996 weltweit gerade einmal 77 Millionen Menschen online, waren es Anfang 2015 mehr als 3 Milliarden.[22] Heute sind mehr als 40 % der Weltbevölkerung online, aber nur ein winziger Teil davon nutzt das Netz aktiv für politische, karitative oder kulturelle Zwecke. Die meisten Internetnutzer sind eher Netzkonsumenten und keine Netzbürger. Und trotzdem ist die Frage sinnvoll, wie das Netz sinnvoll für zivilgesellschaftliche Aktivitäten genutzt werden kann und welche Potenziale es bietet.

Ehe ich stärker auf einige neue, netzorientierte Initiativen eingehe, lohnt sich ein Blick auf die Nutzung digitaler Werkzeuge durch »klassische« Organisationen. Obwohl heute kaum eine Bürgerinitiative oder ein Verein auf die Nutzung von Computern und Internet verzichtet, hat der technische Umbruch deren Alltag weniger verändert, als man annehmen könnte. Sicherlich: In den Geschäftsstellen wird heute vieles anders organisiert als vor 20 Jahren. Zu Mitgliederversammlungen und Veranstaltungen wird per E-Mail eingeladen, und die Anträge und Materialien werden elektronisch bereitgestellt. Die eigentliche Meinungsbildung, das »Vereinsleben«, unterscheidet sich aber kaum von früheren Zeiten. So beteiligen sich nur wenige Mitglieder aktiv an Mailinglisten oder an elektronischen Diskussionsforen. Das hat nicht bloß technische Gründe: Auf digitalen Plattformen entgleisen Diskussionen deutlich häufiger als bei Meetings, bei denen die Beteiligten anwesend sind, in denen die Diskussionsleitung eine Redeliste führt und mäßigend auf erregte Diskutanten einwirkt. Auch das Phänomen, dass einzelne Teilnehmer mit sehr viel Zeit und Energie eine elektronische Debatte dominieren und sie damit letztlich ihres Sinns als gemeinschaftliches Forum berauben, kommt immer wieder vor. Schließlich können Beiträge aus vertraulichen Diskussionen kopiert und an die Öffentlichkeit weitergeleitet werden. Die Veröffentlichung einer vertraulichen Mail hat erheblich gravierendere Folgen als mündliche Indiskretionen, denn jeder kann den »durchgestochenen« Beitrag lesen, und der Autor hat es so sehr viel schwerer, den durch die Indiskretion erzeugten Eindruck zu korrigieren. Diese negativen Effekte wirken auf viele Mitglieder und Aktive eher abschreckend und tragen nicht gerade zu ihrer Bereitschaft bei, sich selbst in eine digitale Debatte einzubringen.

Trotzdem können elektronische Foren einen Mehrwert bringen, indem sie die Transparenz von Entscheidungen erhöhen und kritische Nachfragen der »Basis« ermöglichen. Umgekehrt können Vorstände und andere Funktionsträger den Hintergrund ihres Handelns erläutern und erhalten nicht erst bei der nächsten Mitglieder- oder Delegiertenversammlung ein Feedback. Ich hielte es deshalb für falsch, wegen der teils schlechten Erfahrungen auf elektronische

Plattformen zum Informations- und Meinungsaustausch zu verzichten, denn die Negativfaktoren lassen sich durchaus eindämmen. Es erfordert allerdings einiges handwerkliche Geschick, Plattformen so zu organisieren, dass die beschriebenen negativen Wirkungen nicht eintreten oder sich zumindest in Grenzen halten. Auch elektronische Diskussionen brauchen klare und allgemein akzeptierte Regeln und Strukturen, gerade weil technisch jeder jederzeit zu jedem Thema etwas beitragen kann. Notwendig sind sowohl inhaltliche Begrenzungen, etwa der Ausschluss rassistischer oder sexistischer Beiträge, als auch Vorgaben zum respektvollen Umgang miteinander. Weil digitale Diskussionsforen häufig entgleisen, führt zumindest bei einer größeren Teilnehmerzahl an einer Moderation nichts vorbei. Der Moderator bzw. das Moderatorenteam sollte eingreifen, wenn gegen Regeln verstoßen wird. Allerdings kommt es immer wieder vor, dass derartige »elektronische Ordnungsrufe« als Zensur gebrandmarkt werden, insbesondere wenn Beiträge gelöscht oder Teilnehmer gesperrt werden. Umso wichtiger ist es, dass die Moderatoren nach formal nachprüfbaren Regeln vorgehen. So kommen die Löschung eines Beitrags oder gar der Ausschluss eines Teilnehmers vom Forum nur als letzte Maßnahmen in Betracht, wenn andere Mittel nicht gewirkt haben. Zudem muss das Moderatorenteam transparent handeln und sich im Hinblick auf die Inhalte möglichst neutral verhalten.

Problematisch ist es, dass viele Initiativen und Vereine inzwischen ihre internen Diskussionen über kommerzielle Plattformen abwickeln. So einfach und verlockend es ist, auf Facebook eine Diskussionsgruppe einzurichten, so problematisch erweist es sich bei näherem Hinsehen. So müssen sich sämtliche Teilnehmer bei dem Dienst persönlich registrieren und dabei die Nutzungsbedingungen akzeptieren, die den Betreibern umfassende Rechte an allen auf der Plattform eingestellten Informationen einräumen. Der kommerzielle Plattformbetreiber behält es sich vor, in sämtliche Beiträge Einblick zu nehmen und diese nach eigenen, teils undurchsichtigen Kriterien zu zensieren. Ferner werden sämtliche Interaktionen den individuellen Nutzerprofilen zugeordnet und für Zwecke verwendet, die nur der Betreiber festlegt. Schließlich kann seit den Snowden-Leaks niemand die Augen davor verschließen, dass sich auch staatliche Stellen für elektronische Diskussionen interessieren. Mussten Geheimdienste früher »inoffizielle Mitarbeiter« einschleusen oder gar Mikrofone in den Tagungsräumen verstecken, um Einblick in die Binnenstruktur und die interne Meinungsbildung einer Gruppe zu bekommen, werden ihnen die nötigen Infos bei Facebook & Co. auf dem silbernen Tablett geliefert.

Wesentlich stärker als bei der internen Kommunikation wirken sich die neuen digitalen Kommunikationsformen auf die externe Darstellung eines Vereins oder einer Bürgerinitiative aus. Kaum ein Verein ist heute ohne Webpräsenz, über die mögliche Interessenten mit ihm Kontakt aufnehmen können. Technisch unterscheiden sich solche Websites prinzipiell nicht von kommerziellen oder behördlichen Internetangeboten. Sie sind mehr oder weniger aktuell und interaktiv. Speziell bei überregionalen und international tätigen Initiativen erweist sich das Internet als riesiger Vorteil, denn es erleichtert das Finden verstreuter Gleichgesinnter, die Koordination von Aktivitäten, und es ermöglicht digitale Kampagnen.

In den letzten zehn Jahren ist eine Vielzahl von Initiativen entstanden, deren Aktivitäten ganz wesentlich über das Internet organisiert werden, obwohl sie sich keineswegs auf netzpolitische Themen beschränken. Die Initiatoren kommen aus den unterschiedlichsten Bereichen. Während bei den journalistisch ausgerichteten Projekten – etwa Correct!v und Netzpolitik (www.netzpolitik.org) – die Aufklärung, das Ausprobieren neuer Formen der Veröffentlichung und die Förderung des Jedermann-Journalismus im Mittelpunkt stehen, geht es bei anderen Plattformen – etwa Avaaz und Campact – eher um die schnelle und wirksame Organisation von Kampagnen. Eine dritte Gruppe sieht ihre Mission darin, die Bürgergesellschaft mit neuen Werkzeugen zur wirksamen Interessenwahrnehmung zu versorgen und die Akteure über ihren Gebrauch zu unterrichten.

Neuer Netzjournalismus

Zeitungsverlage und Rundfunkanstalten verlagern ihre Aktivitäten zunehmend ins Internet und verbreiten ihre Beiträge zeitgleich oder zeitversetzt auf Online-Plattformen. Auch wenn hier bisweilen mit neuen Präsentations- und Interaktionsformen experimentiert wird, handelt es sich doch im Wesentlichen um die Nutzung des Internets als neuem Vertriebskanal. Wirklich neuartig sind hingegen Projekte, die nur über das Internet möglich wurden, jenseits der großen Verlage und Funkhäuser.

Die bedeutsamste Innovation im Online-Journalismus ist der oder das »Blog«. Das Wort ist ein Kunstwort, die Abkürzung des unhandlichen Begriffs »Web-Log«. In ihrer Urform waren Blogs nichts anderes als öffentlich einsehbare Tagebücher, in denen die Autoren Eindrücke, Erkenntnisse und Ideen notierten. Technisch ist das Blogging eher anspruchslos, auch weniger versierte Nutzer können Beiträge einstellen oder vorhandene Einträge kommentieren. Blogs haben sich innerhalb weniger Jahre zum wichtigsten Medium eines interaktiven Jedermann-Journalismus entwickelt. Manche Blogs haben inzwischen eine Leserschaft, die in die Hunderttausende geht und damit die Auflage mancher Tageszeitung übersteigt. Klassische Medien greifen verstärkt Themen auf, die in Blogs thematisiert wurden, und professionelle Blogger werden inzwischen – bisweilen notgedrungen – als Journalisten akzeptiert; manche von ihnen sind auch ausgebildete Journalisten.

Eines der bedeutendsten Projekte des unabhängigen deutschen Online-Journalismus ist das Blog netzpolitik.org, das sich als journalistische »Plattform für digitale Freiheitsrechte« versteht, allerdings ohne Neutralitätsanspruch. Die Autoren thematisieren wichtige Fragestellungen rund um Internet, Gesellschaft und Politik. Sie wollen Wege aufzeigen, wie man sich mithilfe des Netzes für digitale Freiheiten und Offenheit engagieren kann. Letztlich will das Projekt aufzeigen, wie die Politik das Internet verändert und wie umgekehrt das Netz die Politik und die Öffentlichkeit beeinflusst. Besondere Aufmerksamkeit zog netzpolitik.org mit seiner Berichterstattung aus dem NSA-Untersuchungsausschuss des Bundestags auf sich, der sich seit Anfang 2014 um die Aufklärung globaler Spionageaktivitäten bemüht. Der Netzpolitik-Autor André Meister berichtet live von den öffentlichen Vernehmungen. Die Berichte wurden zur wichtigsten Quelle über die Zeugenvernehmungen, die sich teils über Stunden hinzogen. Die jetzige Version von netzpolitik.org ist seit 2004 online. Seitdem sind hier fast 15 000 Artikel von insgesamt 72 Autorinnen und Autoren erschienen, die 167 000-mal kommentiert wurden (Stand: 13. März 2015).

Bemerkenswert ist auch, dass es dem Gründer von netzpolitik.org, Markus Beckedahl, der seit mehr als zehn Jahren über Bundestagsdebatten berichtet, erst nach hinhaltendem Widerstand der Bundestagsverwaltung gelang, sich ebenso wie die Vertreter der klassischen Medien beim Bundestag akkreditieren zu lassen und so regelmäßig Zutritt zu den Parlamentsgebäuden zu erhalten. Das zur Begründung der Ablehnung angeführte Argument[23], es handele sich bei Bloggern nicht um Journalisten, spricht nicht dafür, dass der Bundestag schon im Digitalzeitalter angekommen ist – trotz der »Digitalen Agenda« der Bundesregierung und der Einsetzung eines entsprechenden Bundestagsausschusses. Die Verwaltung erteilte die beantragte Akkreditierung schließlich doch noch, nachdem die Angelegenheit vom Ältestenrat behandelt worden war.

Im Umfeld von netzpolitik.org hat sich seit 2007 die jährlich stattfindende Veranstaltung re:publica (re-publica.de) etabliert, in der Blogger, Journalisten und andere Interessierte über die Zukunft des Netzes diskutieren. Die Teilnehmerzahlen sind von Konferenz zu Konferenz gestiegen. 2014 fanden mehr als 5000 Menschen den Weg zum Meeting in den Berliner Friedrichstadtpalast, das inzwischen mehr ist als »Deutschlands größtes Bloggertreffen«.[24] Medien sprechen inzwischen sogar davon, die re:publica habe sich inzwischen zum »vielleicht weltgrößten Treffen von Bloggern, Programmierern und Netzaktivisten« entwickelt.[25]

Ein anderes spannendes Projekt ist die deutsche Initiative Correct!v (correctiv.org). Im Mittelpunkt steht ein journalistisches Netzwerk, das sich die Aufgabe gestellt hat, investigative Recherchen in Bereichen durchzuführen, die von gesellschaftlicher Bedeutung sind. Die Initiative versorgt Medien mit unabhängigen, qualitativ hochwertigen Recherchen, die nicht im Auftrag einer Interessengruppe oder im Rahmen eines Konzerns stattfinden. Für Aufsehen hat eine Recherche zum Abschuss des malaysischen Flugzeugs MH17 am 17. Juli 2014 über der Ostukraine gesorgt. Mit vielen Fakten konnten die unabhängigen Journalisten belegen, dass eine ohne Hoheitszeichen operierende russische Einheit die Rakete in Stellung gebracht hatte, mit der das Flugzeug abgeschossen wurde. Aber sie kritisierten auch, dass westliche Regierungen die ihnen bekannten Gefahren für den zivilen Luftverkehr über dem Kriegsgebiet weitgehend ignorierten. Diese Ergebnisse wurden nicht nur in Papierform[26] veröffentlicht, sondern auch mehrsprachig ins Internet gestellt. Allein die russische Version wurde mehr als eine Million Mal abgerufen – ein gutes Beispiel dafür, wie Informationsblockaden und Desinformationskampagnen unterlaufen werden können.

Das von einer mediennahen Stiftung und privaten Spendern finanzierte gemeinnützige Recherchebüro Correct!v sammelt eine digitale Community um sich, die die Durchführung von Recherchen unterstützt und über die Mittelverteilung mitentscheidet. So konnten die registrierten Mitglieder 2014 darüber entscheiden, für welche Recherchen 100 000 Euro verwendet werden sollten. Das Rennen machte das Thema Korruption und Machtmissbrauch.

Eine andere Initiative von Correct!v soll es freien Journalisten erleichtern, die für ihre Projekte notwendigen Mittel aufzubringen. Im Wege des Crowdfunding können sie der Community ihre Rechercheideen vorstellen und für eine Anschubfinanzierung werben. Wenn die erforderlichen Mittel – meist handelt es sich dabei um überschaubare Beträge – zusammenkommen, kann die Recherche starten. Aktuelle Projekte betreffen das Leben von Einwanderern oder die Exporte von deutscher Überwachungstechnik. Correct!v begleitet die Recherchen und sichert die Projektqualität. Die Organisation ist Teil des Global Investigative Journalism Network (gijn.org), in dem eine Vielzahl unabhängiger Journalistengruppen aus aller Welt zusammenarbeitet. GIJN setzt sich für die weltweite Vernetzung journalistischer Recherchen ein und unterstützt investigative Journalisten auch technisch.

Die technische Unterstützung von Bürgerrechts- und Journalisten-Netzwerken ist die Kernaufgabe des Tactical Technology Collective (tacticaltech.org), die sich vorwiegend aus bürgerrechtsorientierten Computerspezialisten rekrutieren. TTC stellt Plattformen und Werkzeuge zur Verfügung, die Bürgerrechtsaktivitäten im Internet erleichtern sollen. In einer Vielzahl von Schulungen werden zudem Kenntnisse über den digitalen Selbstschutz im Netz vor Überwachung vermittelt, etwa zum Einsatz verschlüsselter Kommunikationsmittel.

Online-Aktivismus

Noch stärker als der Online-Journalismus haben sich Initiativen entwickelt, die das Internet als Plattform für politische Aktivitäten nutzen. Das Spektrum des Online-Aktivismus reicht von monothematischen Kampagnen zu netzpolitischen Themen wie der Vorratsdatenspeicherung, dem Leistungsschutz- und Urheberrecht bis zu Plattformen, die Basisaktivisten für unterschiedliche Ziele zur Verfügung stehen. Die meisten Online-Kampagnen setzen sich kritisch mit der offiziellen Politik auseinander, oder sie gelten Themen, die von den Mainstream-Medien kaum aufgegriffen wurden.

Unterschriftensammlungen sind ein seit Jahrzehnten erprobtes Mittel, mit dem sich Bürgerinitiativen und andere Gruppen Gehör zu verschaffen versuchen. Ob es um neue Schulen, Straßenbauvorhaben oder die Behandlung von Ausländern geht: Stets bemühen sich Interessenverbände und Parteien um Unterstützung ihres Anliegens. Appelle mit den

Namen der Unterstützer werden in Tageszeitungen veröffentlicht, die Unterschriftenlisten den Vertretern politischer Institutionen übergeben. »Wir sind viele« – so lautet die Botschaft, die in der Hoffnung übermittelt wird, dass die politischen Entscheidungsträger das Anliegen ernst nehmen. Online-Plattformen verbessern die Möglichkeiten für derartige Initiativen.

Besonders erfolgreich ist die 2007 gegründete internationale digitale Kampagnen-Organisation Avaaz (avaaz.org – persisch: Stimme) mit inzwischen über 41 Millionen Mitgliedern aus aller Welt (März 2015). Über eine internetbasierte Beteiligungsplattform werden globale politische Kampagnen organisiert, vorwiegend zu den Themen Klimawandel, Menschenrechte, Tierschutz, Korruptionsbekämpfung und Armut. Die am häufigsten von Avaaz eingesetzte Aktionsform ist die Online-Petition. Anders als bei der »offiziellen« Online-Petition, mit der in einem formalisierten Verfahren Anliegen an das Parlament herangetragen werden, steht bei Avaaz die schnelle und wirksame Schaffung einer internationalen Öffentlichkeit und die Organisation politischen Drucks auf Entscheidungsträger im Mittelpunkt. So wurde eine Online-Petition innerhalb weniger Tage von mehr als einer Million Menschen unterstützt, die Bundeswirtschaftsminister Gabriel aufforderte, sich bei seinem Besuch in Saudi-Arabien im März 2015 für den zu 1000 Stockhieben verurteilten Blogger Raif Badawi einzusetzen. Andere Beispiele sind Kampagnen zur Unterstützung von Flüchtlingen im syrischen Bürgerkrieg oder gegen die Klimakatastrophe. Auch wenn derartigen Initiativen häufig nicht der erwünschte

Erfolg beschieden ist, erschweren sie doch das Geschäft skrupelloser Machthaber oder gleichgültiger Regierungen, die meinen, sich vor der Weltöffentlichkeit nicht für ihr Tun (oder für ihr Nichthandeln) rechtfertigen zu müssen.

Einen ähnlichen Anspruch wie Avaaz hat der deutsche Verein Campact (campact.de), dessen Motto lautet: »Demokratie in Aktion«. Der Verein vernetzt Basisaktivitäten und setzt sich für mehr Transparenz in der Politik ein. Im Mittelpunkt stehen Kampagnen, bei denen sich Menschen via Internet an gesellschaftlichen Debatten beteiligen können. Auch Campact setzt dabei auf Online-Petitionen, etwa gegen Gentechnik in Nahrungsmitteln, gegen die Kohleverstromung und gegen das transatlantische Freihandelsabkommen TTIP. Die Aktivitäten des Netzwerks konzentrieren sich auf den deutschsprachigen Bereich. Campact hatte 1,6 Millionen registrierte Interessenten und knapp 40 000 Fördermitglieder (März 2015).

Eine besondere Stellung im Spektrum bürgerschaftlicher Internetaktivitäten nehmen die Big Brother Awards ein, mit denen inzwischen in 19 Ländern fragwürdige Praktiken ausgezeichnet werden. Bereits seit dem Jahr 2000 verleiht der 1987 gegründete Bielefelder Verein digitalcourage (ehemals FoeBuD – Verein zur Förderung des öffentlichen bewegten und unbewegten Datenverkehrs) die deutschen Big Brother Awards an Firmen, Organisationen und Personen, »die in besonderer Weise und nachhaltig die Privatsphäre von Menschen beeinträchtigen oder persönliche Daten Dritten zugänglich machen«.[27] Über die Vergabe des Negativpreises entscheidet eine Jury aus Vertretern von Bürgerrechts- und

Datenschutzorganisationen. Zu den Preisträgern gehören die ehemaligen Innenminister Otto Schily und Wolfgang Schäuble, die globalen Internetunternehmen Microsoft, Facebook und Google und auch deutsche Unternehmen wie die Deutsche Bahn AG und die Telekom, die vor einigen Jahren wegen der Ausforschung von Mitarbeitern in die öffentliche Kritik geraten waren.

Diese Beispiele zeigen, dass die Idee, das Internet zur Aktivierung bürgerschaftlichen Engagements zu verwenden, nach wie vor lebendig ist und auf beachtliche Unterstützung trifft. Angesichts der riesigen Zahl der Internetnutzer besteht aber für die zivilgesellschaftlichen Plattformen noch ziemlich viel Entwicklungsspielraum nach oben.

Elektronische Petitionen

Neben der zunehmenden Zahl bürgerschaftlicher Initiativen, von denen hier nur wenige beispielhaft dargestellt werden konnten, wird immer wieder darüber diskutiert, ob und wie Computer bei der politischen Entscheidungsfindung und bei formellen Eingaben an Behörden und Parlamente eingesetzt werden sollen.

Das Grundgesetz gibt jedermann ein Recht, sich einzeln oder zusammen mit anderen schriftlich mit Bitten oder Beschwerden an die zuständigen Stellen und an die Volksvertretung zu wenden. Über die an den Bundestag gerichteten Eingaben entscheidet dessen Petitionsausschuss. Es handelt sich also zwar um eine Form der Bürgerbeteiligung, allerdings ohne bindende Wirkung für den Gesetzgeber.

Seit 2005 können Petitionen beim Bundestag auch online eingereicht werden. Nach einigen Anlaufschwierigkeiten betreibt der Bundestag seit 2008 ein eigenes Online-Petitionssystem.[28] Während sich das Verfahren bei der Behandlung von individuellen Online-Petitionen lediglich dadurch von dem konventionellen unterscheidet, dass an die Stelle des Papiers ein elektronisches Formular getreten ist, liegen die Dinge bei den »öffentlichen Petitionen« anders. Hier gibt es deutliche Unterschiede: Der Text der Petition und seine Begründung werden zusammen mit dem Namen des Einreichenden auf der Website des Bundestags veröffentlicht. Dort wird sie zunächst für sechs Wochen online gestellt und kann in diesem Zeitraum von anderen Personen »mitgezeichnet« werden. Die Nutzer der Plattform können über die Petition in einem Online-Forum diskutieren. Petitionen, die in den ersten vier Wochen mehr als 50 000 Unterstützer finden, werden vom Petitionsausschuss grundsätzlich in öffentlicher Ausschusssitzung behandelt.

Seit seiner Einführung wird das Online-Petitionsrecht lebhaft genutzt. Inzwischen haben sich 1,6 Millionen Bürgerinnen und Bürger bei der Plattform registriert (Stand 2014). Knapp die Hälfte aller Petitionen erreicht den Bundestag inzwischen auf elektronischem Weg. Allerdings hat die Gesamtzahl der Petitionen seit der Einführung der Online-Petition nicht zugenommen:

Jahr	Anzahl gesamt	davon Online	Anteil Online (in %)
2007	16 260	2139	13,2
2008	18 096	3710	20,5
2009	18 861	6724	35,6
2010	16 849	5780	34,3
2011	15 191	5112	33,7
2012	15 724	6748	42,9
2013	14 100	6658	47,2

Tabelle 1: Anzahl der im Deutschen Bundestag eingegangenen Petitionen[29]

Zu den 426 im Internet veröffentlichten Petitionen im Jahr 2013 wurden fast 500 000 elektronische Mitzeichnungen registriert.[30] Seit Kurzem ist die Unterstützung einer Petition auch unter Pseudonym möglich. Wer es wünscht, wird in der Unterstützerliste nicht mehr mit seinem Realnamen aufgeführt, sondern unter einem vom System vorgegebenen Decknamen. Bis dahin konnte jedermann über das Internet nachvollziehen, wer sich für welches Anliegen einsetzt, was manche Menschen von einer elektronischen Unterzeichnung abgehalten haben mag.

Wie erfolgreich die zahlreichen online gestellten Petitionen tatsächlich waren, lässt sich schwierig einschätzen, da entsprechende statistische Auswertungen fehlen. Angeblich wurde allein aufgrund einer Petition kaum ein Gesetz substanziell geändert. Immerhin lassen die vom Petitionsausschuss veröffentlichten Zahlen über die erfolgreichsten

Petitionen Schlussfolgerungen über die Schwerpunkte der öffentlichen Petitionen zu.

Titel der Petition	Unterstützer insgesamt	Darunter elektronisch
Abschaffung der Luftverkehrssteuer	148 987	42 752
Abschaffung von Hartz-IV-Sanktionen und Leistungseinschränkungen bei der Sozialhilfe	91 500	55 271
Überprüfung sämtlicher Unternehmen hinsichtlich ihrer Abgabepflicht nach dem Künstlersozialgesetz	86 826	70 806
Kritik an Absenkung der Sachkostenpauschale für Dialysepatienten	85 532	215
Verpflichtung der Internetanbieter, alle Datenpakete i.S.d. Netzneutralität gleich zu behandeln	76 930	76 530
Forderung nach der genauen Kennzeichnung von Echtpelzprodukten	66 545	59 747
Abschaffung der Erneuerbaren-Energien-Umlage für energieintensive Betriebe	53 201	669

Tabelle 2: Meistunterstützte öffentliche Petitionen 2013[31]

Die vorstehende Übersicht verdeutlicht, dass im Jahr 2013 lediglich vier Petitionen auf über 50 000 Online-Mitzeichner kamen: Die größte Zustimmung mit mehr als 76 000 elektronischen Unterzeichnern erfuhr die Petition zur Netzneutralität. Dabei ist es wohl kein Zufall, dass eine netzpolitische Forderung (zur Netzneutralität) an der Spitze der Online-Unterstützung stand, während die Masseneingaben zu anderen Themen (Luftverkehrssteuer, Abgabeverpflichtungen zur Künstlersozialversicherung, Sachkostenbeitrag von Dialysepatienten, Abschaffung von Sanktionen bei Sozialleistungen etc.) insgesamt mehr Unterstützung bekamen, aber weiterhin offline. In den Vorjahren war das Bild ähnlich: 2011 hatte die Eingabe zum Verbot der Vorratsdatenspeicherung die meiste Online-Unterstützung, und 2012 belegten netzpolitische Themen gleich die beiden obersten Plätze unter den Online-Unterzeichnern, nämlich das Aussetzen der Ratifizierung des Urheberrechtsabkommens ACTA und die Forderung nach Aufhebung der sogenannten GEMA-Vermutung im Urheberrecht, die ebenfalls viele Internetnutzer betraf.

Die Zwischenbilanz zur Online-Petition ist durchwachsen: Dass inzwischen fast jede zweite Eingabe elektronisch erfolgt, zeigt, dass das Instrument angenommen wird. Aber insgesamt wenden sich nicht mehr Menschen mit ihren Anliegen an den Deutschen Bundestag als vor Einführung der Online-Petition. Bei den auf der Internetplattform veröffentlichten Massenpetitionen dominiert die Online-Unterstützung bisher nur bei im engeren Sinne netzpolitischen Themen. Allerdings ist auch bei anderen Themen erkennbar, dass es – wie bei den Einzelpetitionen – zu einer Verschiebung zur Internetunterstützung kommt. Von einem »Durchbruch« ist hier aber noch nichts zu erkennen.

Wahl per Automat?

Die Nacht zum 8. November 2000 war eine der längsten der amerikanischen Geschichte. Am Vortag hatten die Wähler über den nächsten Präsidenten der Vereinigten Staaten entschieden, aber die Feststellung des amtlichen Wahlergebnisses zog sich hin. Die Kandidaten – der Demokrat Al Gore und der Republikaner George W. Bush – hatten sich einen Kopf-an-Kopf-Wahlkampf geliefert. Die Auszählung der Stimmen im Bundesstaat Florida, der bei US-amerikanischen Präsidentschaftswahlen als Swing State gilt, dauerte mehr als einen Monat. Letztendlich lag Bush dort mit 537 Stimmen vor seinem demokratischen Herausforderer, und der hauchdünn unterlegene Demokrat Gore erkannte das Ergebnis schließlich an. Trotz höchstrichterlicher Überprüfung und Anordnung von Nachzählungen in einigen Wahlkreisen durch den Supreme Court ist der Wahlausgang bis heute umstritten.

Dies hängt auch mit den Wahlmaschinen zusammen, die in den USA schon seit Jahrzehnten eingesetzt werden. Schon vor der Wahl war heftig umstritten, ob die Wahlmaschinen gegen Manipulationen geschützt waren. Als sich abzeichnete, dass der Wahlausgang zwischen den Präsidentschaftskandidaten Al Gore und George W. Bush extrem knapp zu werden versprach, befürchteten insbesondere die Demokraten, durch die Wahlautomaten benachteiligt zu werden. In den Städten kontrollierten Tausende freiwillige Wahlbeobachter den Wahlgang und stellten dabei fest, dass die verwendeten Lochkarten vielfach fehlerhaft waren und keine klare Zuordnung zu einem Kandidaten zuließen und dass manche Stimmen sogar dem nicht gewählten Kandidaten zugerechnet wurden. Wissenschaftler kamen in einer späteren Analyse zu dem Ergebnis, dass es einen eindeutigen statistischen Zusammenhang zwischen der Verwendung elektronischer Wahlmaschinen und einem überproportional hohen Stimmenanteil für George W. Bush gab.[32] Die Forscher stützten die Behauptungen einiger Demokraten, dass in Florida Wahlcomputer gehackt und Wahlergebnisse gezielt manipuliert worden seien. Die Vorwürfe waren offenbar so ernst, dass sich das Parlament von Florida am 3. Mai 2007 einstimmig dafür aussprach, wieder zum klassischen Wahlzettel auf Papier zurückzukehren.

Dabei hatte das Wählen an Wahlmaschinen in den USA eine lange Tradition. Ab 1890 wurden solche Maschinen erstmals eingesetzt, deren Prinzip – trotz vielfältiger Verbesserungen – bis 1990 unverändert blieb. Die ersten Wahlmaschinen waren mit einer Anzahl Hebeln ausgestattet, die jeweils einem bestimmten Kandidaten zugeordnet werden konnten. Die Wähler mussten den mit dem Kandidaten (oder der Partei) ihrer Wahl bezeichneten Hebel bewegen. Die Auszählung erfolgte dabei automatisch, indem Räderwerke und Zeiger – wie sie von mechanischen Uhren bekannt waren – die Ergebnisse wiedergaben. Diesen ersten Wahlmaschinen machten zunehmend Systeme Konkurrenz, die auf Lochkarten basierten (Hollerithmaschinen). Die gestanzten Lochkarten wurden automatisiert sortiert und so das Wahlresultat gewonnen. Die Lochkartentechnik – ein direkter Vorfahre moderner Computer – hatte gegenüber den Hebelmaschinen den Vorteil, dass die Stimmabgabe jedes Wählers auf einer Lochkarte dokumentiert wurde. Auf diese Weise war es möglich, Manipulationen zu erkennen. An die Stelle dieser mechanischen Techniken traten schließlich elektronische Wahlcomputer, die mit digitaler Technik funktionieren.[33]

Auch wenn die meisten US-Bundesstaaten an den Wahlmaschinen festhalten – jetzt allerdings Wahlcomputer –, ist von der anfänglichen Euphorie für diese Technik kaum noch etwas zu verspüren, vor allem nach dem Desaster bei den US-Präsidentschaftswahlen im Jahr 2000. Informatiker widmeten sich den Schwächen der Wahlcomputer und untersuchten deren Manipulationsanfälligkeit – mit erschreckenden Ergebnissen. Das zentrale Problem ist, dass die Systeme praktisch spurenlos manipuliert werden können, wenn es einem Angreifer gelingt, die Firm- und Software der Geräte zu verändern.

Auch bei konventionellen Wahlen hat es immer wieder Wahlbetrug gegeben, aber er ist – wegen der sehr einfachen technischen Mittel – im Regelfall leicht zu entdecken. Die manipulierte Wahlurne, der doppelt abgegebene Stimmzettel, die Sabotage des Wahlprozesses: All dies lässt sich kaum geheim halten, jedenfalls dann nicht, wenn unabhängige Wahlbeobachter vor Ort sind. Bei modernen elektronischen Wahlmaschinen ist dies anders: Wenn die Wahl allein per Computer abläuft – etwa, indem der Wähler sein »Kreuz« durch das Antippen eines Touchscreens macht –, ist es schwierig, einen Betrug zu entdecken, der auf manipulierter Hard- oder Software beruht. Wirklich sichere Technik würde hier – wie in anderen sensiblen Bereichen – voraussetzen, dass alle Hard- und Softwarekomponenten verifiziert würden – angesichts der komplexen Systeme, denen Hunderttausende Zeilen Code zugrunde liegen, ein nahezu aussichtsloses Unterfangen.

In Deutschland wurden nicht zuletzt wegen dieser Bedenken Wahlmaschinen nur sehr zögerlich eingeführt. Immerhin wählten bei den Bundestagswahlen 2005 zwei Millionen Wählerinnen und Wähler elektronisch. Zum Einsatz kamen dabei Wahlcomputer der niederländischen Firma Nedap, die als Einzige von der Physikalisch-Technischen Bundesanstalt zugelassen worden waren. Die Stimmabgabe erfolgte dabei auf einer Art Folientastatur (»Wählertableau«), bei der sich unter einer durchsichtigen Plastikfolie ein Papier mit den zu wählenden Parteien und Kandidaten befand. Wenn der Wähler auf diese Folie tippte, wurde die darunter angebrachte Taste betätigt und die Stimme gezählt. Vor der Bundestagswahl waren die Wahlcomputer bereits bei Kommunalwahlen eingesetzt worden – und zwar mit einigem Erfolg, denn die Zahl der Stimmbezirke und damit auch die Personalkosten für die Wahlhelfer ließen sich dadurch deutlich reduzieren.[34]

Angesichts der Erfahrungen in den USA regte sich gegen diese Praxis jedoch Kritik, zumal bei dem eingesetzten Verfahren die Stimmenzählung rein elektronisch erfolgte und – anders als bei den US-Präsidentschaftswahlen 2000 – nicht einmal anhand der gestanzten Lochkarten oder sonstiger Papierbelege nachgeprüft werden konnte, ob die Voten richtig elektronisch verbucht worden waren. Nach der Bundestagswahl hatte sich der Wahlprüfungsausschuss mit einer Reihe von Einsprüchen gegen die Verwendung von Wahlgeräten zu beschäftigen. Nachdem der Bundestag diese Einsprüche mehrheitlich zurückgewiesen hatte, wendeten sich einige der Betroffenen an das Bundesverfassungsgericht, das den Klägern schließlich im Jahr 2009 recht gab.[35] Elektronische Wahlgeräte dürften nur dann eingesetzt werden, wenn alle wesentlichen Schritte der Wahlhandlung und der Ergebnisermittlung vom Bürger zuverlässig und ohne besondere Sachkenntnis überprüft werden könnten. Während bei der herkömmlichen Wahl mit Stimmzetteln Manipulationen oder Wahlfälschungen mit einem sehr hohen Entdeckungsrisiko verbunden wären, könnten Programmierfehler in der Software oder zielgerichtete Wahlfälschungen durch Manipulation der Software bei elektronischen Wahlgeräten nur schwer erkannt werden. Die bei der Bundestagswahl 2005 eingesetzten rechnergesteuerten Wahlgeräte hätten den verfassungsrechtlichen Anforderungen nicht entsprochen. Da es allerdings keine Hinweise auf Manipulationen gegeben habe, verzichtete das Gericht darauf, die Wahl für ungültig zu erklären. Seither wurde bei Bundestags- und Landtagswahlen deshalb auf den Einsatz der Wahlcomputer verzichtet.

Auch wenn das Gericht die Messlatte ziemlich hoch gelegt hat, bedeutet dies nicht unbedingt das endgültige Aus für computerunterstützte Wahlen. Die Anforderungen, die an ein solches Verfahren anzulegen wären, sind jedoch sehr streng. Einen Ausweg könnte etwa die Stimmabgabe mit einem »digitalen Kugelschreiber« bieten, wie er bei den Hamburger Bürgerschaftswahlen 2008 diskutiert wurde. Dabei hätten die Wähler zwar mit einem besonderen Stift einen

Papierstimmzettel anzukreuzen, bei der jedoch gleichzeitig die Stimme elektronisch erfasst würde. Im Unterschied zur rein elektronischen Stimmerfassung könnten die Stimmen auch per Hand öffentlich nachgezählt und Manipulationen aufgeklärt werden.[36] Gleichwohl stieß auch dieses Verfahren auf erhebliche Kritik: »Sie entscheiden über ein System, das nicht zugelassen ist – in der Hoffnung, dass es zugelassen wird«, kritisierte etwa der Hamburger Informatikprofessor Klaus Brunnstein den Hamburger Senat. Auch andere IT-Sicherheitsspezialisten stimmten in die Kritik ein, etwa der Chaos Computer Club. Sie beriefen sich auf die Studien niederländischer Informatiker, denen es gelungen war, den auch bei den Bundestagswahlen 2005 eingesetzten Nedap-Wahlcomputer zu manipulieren.[37] Angesichts der Kritik sagte der Senat den Einsatz des Wahlstifts kurz vor dem Wahltag ab.

Online-Wahlen

Zwischen dem 22. und dem 25. Mai 2014 gaben mehr als 100 000 Esten über das Internet ihre Stimme bei der Wahl zum Europäischen Parlament ab. Der Anteil der Internetwähler lag bei fast einem Drittel aller abgegebenen Stimmen, höher als bei jeder zuvor in Estland durchgeführten landesweiten Wahl. Bereits seit 2007 können die Wählerinnen und Wähler in Estland – als weltweit einzigem Land – ihre Stimme flächendeckend über das Internet bei Parlamentswahlen abgeben (I-Voting). Von dieser Möglichkeit machen immer mehr Esten Gebrauch.[38] In einigen anderen Staaten gibt es zwar kein allgemeines I-Voting, doch können im Ausland lebende Bürger ihre Parlamente und ihren Präsidenten über das Internet oder – teilweise – sogar per E-Mail wählen. So gibt es z. B. für im Ausland ansässige US-Bürger und Militärs und für Auslandsschweizer seit einigen Jahren digitale Wahlurnen im Netz.

Auch wenn diese Internetvoten bisher nicht massiv gestört oder manipuliert wurden, stehen entsprechende Verfahren weiterhin in der Kritik. So ist die Sprecherin des Chaos Computer Clubs, Constanze Kurz, der Auffassung, dass sich Gefahren beim Internetvoting mit den zur Verfügung stehenden technischen Mitteln kaum vermeiden lassen: »Nicht nur die zentralen Wahlserver müssen gesichert werden, auch die Computer oder Telefone der Wähler, von denen aus die Stimme abgegeben wird, müssten gegen Angriffe gefeit sein. Im Zeitalter von Botnetzen, die Millionen von Heim-PCs infiltriert haben, ist dies de facto unmöglich.«[39] Eine internationale Expertengruppe kommt zu einem ähnlich alarmierenden Ergebnis: Die Bedrohungen, denen Parlamentswahlen über das Internet ausgesetzt seien, würden sträflich unterschätzt. Zumindest solche Angreifer, die im Auftrag oder mit Unterstützung von Regierungsstellen tätig sind, könnten nicht wirksam abgewehrt werden. Dies sei insbesondere bei einem Land wie Estland gravierend, das bereits 2007 Ziel eines von Russland ausgehenden massiven Cyberangriffs gewesen sei.[40] Die estnische Regierung wies die Kritik prompt zurück. Die Kritiker hätten keinerlei neue

Angriffsmethoden entdeckt. Bei keiner der seit 2005 durchgeführten Internetwahlen auf kommunaler, nationaler und europäischer Ebene habe es einen einzigen Zwischenfall gegeben, der das Wahlergebnis beeinflusst habe.[41]

Vor dem Hintergrund der zitierten Entscheidung des Bundesverfassungsgerichts ist es nicht wahrscheinlich, dass in Deutschland in absehbarer Zeit Internetwahlen eingeführt werden. Dabei wäre eine Online- oder Internetwahl durchaus im Einklang mit den Vorgaben des Grundgesetzes möglich, wenn dabei die freie, gleiche und geheime Wahl gewährleistet wird, worauf ich als damaliger Bundesbeauftragter für den Datenschutz und die Informationsfreiheit bereits 2006 hingewiesen hatte.[42] Insbesondere müsste sichergestellt sein, dass die Wahlentscheidung des Einzelnen nicht nachvollzogen und das Wahlergebnis nicht manipuliert werden kann. Von zentraler Bedeutung sind dabei Verschlüsselungsverfahren, die sicherstellen, dass das Votum des einzelnen Wählers für eine Partei oder einen Kandidaten geheim stattfindet (Wahlgeheimnis) und dass zugleich die Identität der Wähler zuverlässig überprüft werden kann. Insbesondere diese Kombination aus der gebotenen Geheimhaltung der Stimmabgabe und der Manipulationssicherheit der Wahl stellt die Entwickler entsprechender Verfahren vor große Herausforderungen. So muss sichergestellt sein, dass nur Wahlberechtigte ihre Stimme abgeben und dass sie dies nicht mehrfach tun. Gleichzeitig muss aber auch ausgeschlossen sein, dass Dritte erfahren, für wen sie ihre Stimme abgegeben haben. Schließlich darf der Wähler nach der Wahl nicht nachweisen können, wofür er seine Stimme abgegeben hat, denn dies würde dem Stimmenkauf Vorschub leisten. Kein Wahlberechtigter darf allein aus technischen Gründen an der Wahl gehindert werden, und die Speicherung, Übertragung und Auswertung der elektronischen Stimmen muss so erfolgen, dass sie nicht manipuliert werden kann und auch gegen Systemausfälle geschützt ist.[43]

Unabhängig von den beschriebenen Kontroversen und den harten Anforderungen halte ich es für sinnvoll, weiterhin an der Entwicklung von sicheren Internetsystemen für die Durchführung von Abstimmungen zu arbeiten, denn letztlich handelt es sich um ein flexibles Instrument, das auch für Referenden zwischen den Wahlterminen eingesetzt werden könnte. Angesichts der beschriebenen Risiken wäre es allerdings nicht angebracht, kurzfristig Online-Wahlen zum Deutschen Bundestag durchzuführen.

Viel unproblematischer wäre dies auf unterer Ebene, insbesondere im kommunalen Bereich. Hier ist – anders als bei nationalen oder europaweiten Wahlen – nicht zu erwarten, dass sich mächtige Geheimdienste mit nahezu unbegrenzten finanziellen und technischen Mitteln einmischen. Wünschenswert wären Online-Abstimmungen auch bei Bürgerentscheiden und Volksabstimmungen, denn gerade hier böte sich eine Möglichkeit, die Bürgerinnen und Bürger für eine Mitwirkung zu gewinnen, wenn die Stimme auch am heimischen Computer oder auf dem Smartphone abgegeben werden könnte. Naheliegend wäre dabei ein an die Briefwahl angelehntes Verfahren, das unter Nutzung von in anderen Bereichen – z. B. bei elektronischen Bankgeschäften – etablierten Techniken stattfinden könnte.

Einen neuen Anlauf zu Online-Wahlen soll es zudem demnächst auch auf Bundesebene geben: bei den Sozialwahlen, die über die Zusammensetzung der Gremien von Sozialversicherungen entscheiden. Die Große Koalition aus CDU/CSU und SPD hat sich darauf geeinigt, dass dort die Stimmabgabe künftig über das Internet möglich sein soll. Man erhofft sich davon eine verbesserte Wahlbeteiligung und eine Kosteneinsparung – bei früheren Sozialwahlen hatten lediglich 15 der 50 Millionen Wahlberechtigten teilgenommen.

Mit dem Staat diskutieren?

Wer meint, dass die Einrichtung einer Online-Plattform automatisch zu einer besseren, breit angelegten Beteiligung führt, täuscht sich. Viele Beispiele belegen eher, dass nur sehr wenige Nutzer von der Möglichkeit Gebrauch machen, sich über das Internet in laufende Beratungen einzubringen, wenn sie sich nicht direkt angesprochen fühlen. Auch ich musste frühzeitig eine solche Erfahrung machen, nämlich bei der Online-Plattform einer im Jahr 2001 von der Bundesregierung eingesetzten Kommission, die (schon damals!) eine grundlegende Reform des Datenschutzrechts unterstützen sollte. Parallel zu den internen Sitzungen hatten Interessierte die Möglichkeit, auf einem Internetforum zu den in der Kommission diskutierten Fragen Stellung zu nehmen oder eigene Fragen zu stellen. Die Beteiligung war ernüchternd: Außer sehr wenigen Beiträgen, die zudem überwiegend von Personen stammten, die ohnehin an der Kommissionsarbeit mitwirkten, blieben die Forenseiten praktisch leer – an irgendwelche Anregungen, die auf diese Weise aus dem Netz kamen, kann ich mich nicht erinnern.

Eine etwas positivere Erfahrung machte ab 2010 die Bundestags-Enquetekommission »Internet und digitale Gesellschaft«. Der Öffentlichkeit sollte die Möglichkeit geboten werden, sich »so transparent wie möglich auf der Internetseite des Deutschen Bundestages« zu informieren und zu beteiligen, um so »die Anregungen aus der Öffentlichkeit in geeigneter Weise in der Arbeit der Kommission einfließen« zu lassen.[44] Der Kommission gehörten 17 Vertreter der Bundestagsfraktionen und 17 externe Sachverständige an. Im Hinblick auf die Bürgerbeteiligung sprach die Kommission von einem »18. Sachverständigen«. Damit waren die Bürgerinnen und Bürger gemeint, die Vorschläge für konkrete Handlungsempfehlungen einbringen konnten.

Auf der Grundlage der Software Adhocracy[45] konnten Bürgerinnen und Bürger Texte der Kommissions-Projektgruppen kommentieren, eigene Ideen und Vorschläge einstellen und darüber abstimmen. Insgesamt registrierten sich gut 3300 Mitglieder. Sie reichten 494 Vorschläge ein und gaben 2353 Kommentare ab. Dies sind – vor allem im Hinblick auf die vielen Millionen Nutzerinnen und Nutzer des Internets – keine riesigen Zahlen. Da es sich aber für alle Akteure um ein völlig neues Verfahren handelte, kann man das Experiment trotzdem als – wenn auch bescheidenen – Erfolg werten.

Wie das Beispiel der Online-Petition zeigt, werden sich interaktive Beteiligungsformen nur mit langem Atem durchsetzen lassen. Die Voraussetzungen dafür sind durchaus gegeben, da die elektronische Kommunikation für immer mehr Bürgerinnen und Bürger zum Alltag gehört und mit den Praxiserfahrungen die Zugangshemmungen zu elektronischen Beteiligungsmöglichkeiten deshalb eher abnehmen werden. Allerdings dürfen die Verantwortlichen in Politik und Verwaltungen sich nicht darauf beschränken, sich selbst mittels solcher Plattformen als modern und »bürgernah« darzustellen. Nur wenn sie mit den von den Bürgern elektronisch eingebrachten Anliegen ernsthaft umgehen, werden diese sich verstärkt einbringen – bisher leider keine Selbstverständlichkeit.

Nach Abschluss ihrer Arbeiten hat die Enquetekommission angeregt, dass der Bundestag die verwendete Beteiligungsplattform weiterhin – und zwar in seinem regulären Betrieb – zur Bürgerbeteiligung nutzt. Bedauerlicherweise wurde dieses Votum bisher nicht umgesetzt. Der Lackmustest für digitale Beteiligungsverfahren wäre deren Einführung im parlamentarischen Alltag, bei der ganz normalen Ausschussarbeit. Dann könnten sich Bürgerinnen und Bürger in Diskussionen über die Bundeswehr, die Zukunft des Gesundheitswesens oder die Sozialpolitik einmischen, und die politisch Verantwortlichen könnten wirklich glaubhaft machen, dass ihr Versprechen zur digitalen Beteiligung sich nicht in Sonntagsreden erschöpft.

Digitale Beteiligungsmöglichkeiten beschränken sich nicht auf die Parlamente. Andere Beispiele sind Foren und Diskussions- und Wissensplattformen, die von öffentlichen Einrichtungen bereitgestellt werden. Leider gehören Bundesministerien bisher kaum dazu. Anders die Datenschutzbeauftragten, denen vielfach »Technikfeindlichkeit« vorgeworfen wird: Eine schon seit Langem funktionierende Plattform zur elektronischen Information und Kommunikation zu Fragen des Datenschutzes und der Informationsfreiheit ist das »Virtuelle Datenschutzbüro«, das sich frühzeitig eine aussagekräftige Webadresse sichern konnte (datenschutz.de). Das virtuelle Datenschutzbüro, das im Jahr 2000 vom Datenschutzzentrum Schleswig-Holstein aufgebaut wurde, wird von zahlreichen Datenschutzinstitutionen aus dem In- und Ausland mitgetragen. Der Initiator, der damalige Datenschutzbeauftragte von Schleswig-Holstein, Helmut Bäumler, wies zum Start auf den Stellenwert der Transparenz bei einem solchen Projekt hin: »Offenheit für Konzepte, offene Diskussionen und der Einsatz von sogenannter Open-Source-Software, die ihre Vertrauenswürdigkeit überprüfbar macht, indem ihr Quellcode offengelegt und damit für jeden einsehbar wird.«[46] Nicht nur professionelle Datenschützer sollten mitwirken, sondern auch externe Experten, interessierte Freaks und Privacy-Aktivisten. Nach einem vielversprechenden Start ist es im Lauf der Jahre ruhiger um das Projekt geworden. Seine ambitionierten Pläne haben sich nur teilweise erfüllt. Schwierig ist es vor allem, die Arbeiten dauerhaft zu finanzieren, da hierfür im Wesentlichen nur Beiträge der beteiligten Institutionen zur Verfügung stehen, die selbst unter erheblichem Spardruck stehen. Trotzdem ist und bleibt das Virtuelle Datenschutzbüro eine wichtige Anlaufstelle für alle, die Fragen zum Datenschutz haben oder mit Expertinnen und Experten aus den Datenschutzbehörden in Kontakt kommen wollen.

Ein Projekt habe ich selbst ins Leben gerufen. »Ist der Datenschutz noch zeitgemäß?« – mit dieser Frage startete am 1. Juli 2009 ein Datenschutzforum, das an die Website des Bundesbeauftragten für den Datenschutz und die Informationsfreiheit angedockt ist. Im Mittelpunkt steht auch hier die Vernetzung von Experten und Interessierten, die diskutieren und ihre Erfahrungen austauschen. Anfang 2015 waren bei dem Forum 5683 Teilnehmer registriert, die insgesamt 34 552 Beiträge zu 4511 Themen geschrieben hatten.[47] Das Forum war auch die Heimstatt für meinen Datenschutz-Blog, in dem ich zu aktuellen Fragen Stellung bezog.[48] Einige Beiträge wurden sogar mehrere 10 000-mal abgerufen.

Auch wenn diese Beispiele zeigen, dass elektronische Diskussions- und Beteiligungsplattformen funktionieren können, wäre es vermessen, hier von einem Durchbruch zu sprechen. Die Teilnehmerzahlen an den öffentlichen Foren sind im Vergleich mit zu kommerziellen Zwecken betriebenen Plattformen, aber auch im Vergleich mit manchen zivilgesellschaftlichen Projekten recht bescheiden, selbst wenn sie für sich genommen vorzeigbar sind. Insofern ist es durchaus verständlich, dass auch staatliche Stellen versuchen, die Internetnutzer dort zu erreichen, wo sie sich tatsächlich bewegen – in den sozialen Netzwerken. Aber auch dies ist nicht ohne Tücken.

Braucht der Staat Fans?

Die Polizei Hannover hat 112 953 Fans bei Facebook, das Landeskriminalamt Niedersachsen finden 34 898 Nutzer gut, beim Bundeskriminalamt beläuft sich die Zahl der Unterstützer auf bescheidene 18 842.[49] Diese Abstufung ist nicht zufällig, denn die Polizei der niedersächsischen Landeshauptstadt war eine der ersten deutschen Behörden, die auf Facebook setzten. »Wir erhoffen uns davon, mit unseren Themen noch mehr Menschen als bisher zu erreichen. Dies gilt insbesondere für unsere öffentlichen Zeugenaufrufe«, erklärte der Hannoversche Polizeipräsident auf der Fanpage seiner Behörde am 17. Februar 2011.

Inzwischen sind viele Bundes- und Landesbehörden und Kommunen diesem Beispiel gefolgt. Die zahlreichen behördlichen Facebook-Auftritte sind letztlich Ausdruck des Eingeständnisses, dass die meisten Internetnutzer nicht den direkten Weg auf die offiziellen Internetseiten finden. Die stattlichen Zahlen der Fans von Behörden belegen, dass dieses Kalkül vielleicht aufgeht.

Die behördlichen Auftritte bei Facebook sind höchst unterschiedlich – sowohl in Bezug auf ihren Umfang als auch auf den Anspruch, in Facebook und anderen sozialen Netzwerken in Dialog mit den Bürgerinnen und Bürgern zu treten. Viele Behörden stellen lediglich Kontaktinformationen und Grunddaten zur Verfügung. Andere stellen umfangreiche Auftritte mit einer Vielzahl von Videos und sonstigen Ressourcen bereit. So veröffentlichen Polizeibehörden Fahndungsaufrufe auf Facebook, geben Hinweise zur Einbruchsverhütung und versuchen, über die Facebook-Seiten Nachwuchspersonal zu gewinnen. Andere Beispiele für solche umfangreichen Angebote sind etwa die Stasi-Unterlagen-Behörde und das Bundesministerium für Wirtschaft und Energie, die aktuelle Informationen über ihre Arbeit und eine Vielzahl von Dokumenten über Facebook zugänglich machen. Noch weiter gehen Behörden, die versuchen, den Bürgerkontakt (auch) über soziale Netzwerke abzuwickeln. Inzwischen hat allerdings die hannoversche Polizei ihren Facebook-Auftritt so umgestaltet, dass die Nutzer beim Klick auf die »Facebook-Fahndung« auf einen eigenen Server umgeleitet werden, der von der Polizei selbst betrieben wird. Damit reagierte die Polizeibehörde auf die datenschutzrechtliche Kritik an ihrem Facebook-Auftritt. Datenschützer hatten insbesondere kritisiert, dass die bei jedem Seitenaufruf, Like oder sonstigen Transaktion anfallenden personenbezogenen Nutzerdaten auf den Servern des Unternehmens landen, die sich überwiegend in den USA befinden. Auf diese Weise konnte Facebook nachvollziehen, wer sich für die Polizeiarbeit allgemein oder für eine bestimmte Fahndungsmaßnahme interessiert und wer einen Job bei der Polizei sucht. Durch die Umleitung auf einen externen Server wurde dieser sehr umfassende Informationsfluss zwar ausgedünnt, jedoch nicht vollständig gestoppt. Facebook weiß nach wie vor, wer die Facebook-Seiten der Polizei besucht und welchen Bereichen er seine besondere Aufmerksamkeit widmet.

Deshalb wandeln die staatlichen Stellen hier immer noch auf sehr dünnem Eis, denn Facebook fühlt sich nicht an deutsches Recht gebunden und hat für diese Position sogar Rückendeckung von deutschen Gerichten erhalten. So versuchte die Datenschutzbehörde des Landes Schleswig-Holstein vergeblich, verschiedenen Stellen den Betrieb von Facebook-Fanpages zu untersagen, weil sich das Unternehmen nicht an deutsches Recht hält. Die schleswig-holsteinischen Datenschützer erhielten für ihre Kritik Unterstützung durch die übrigen deutschen Datenschutzbehörden, die zur Geltung deutschen Rechts ausführten: »Für deutsche Betreiber ist dies unumstritten. Aber auch Anbieter, die außerhalb des Europäischen Wirtschaftsraumes ansässig sind, unterliegen hinsichtlich der Daten von Betroffenen in Deutschland … dem hiesigen Datenschutzrecht, soweit sie ihre Datenerhebungen durch Rückgriff auf Rechner von Nutzerinnen und Nutzern in Deutschland realisieren. Dies ist regelmäßig der Fall.«[50]

Entgegen den Vorgaben des Telemediengesetzes weigert sich Facebook standhaft, Konten unter Pseudonym zuzulassen. Kritikwürdig sind auch andere Praktiken des Unternehmens. So bildet das Unternehmen umfassende Nutzungsprofile der Facebook-Mitglieder ohne deren ausdrückliche Einwilligung und gewährt jenseits europäischen Rechts US-Behörden Zugriff auf Nutzerdaten. Die Gerichte wiesen trotzdem die von der schleswig-holsteinischen Datenschutzbehörde herausgegebenen Unterlassungsverfügungen ab. Die Gerichte folgten der Argumentation des Unternehmens, für Facebook gelte ausschließlich irisches Datenschutzrecht, das keine dem deutschen Telemediengesetz entsprechenden scharfen Regelungen enthält.[51] Das Oberverwaltungsgericht

Schleswig stellte zudem in einem Urteil vom 5. September 2014 fest, dass der Betreiber einer Facebook-Fanpage für die allein von Facebook vorgenommene Verarbeitung personenbezogener Daten nicht verantwortlich sei, denn er habe keinen Einfluss auf die technische und rechtliche Ausgestaltung der Datenverarbeitung durch das Unternehmen.[52] Allerdings ist hier das letzte Wort noch nicht gesprochen. Das Gericht hat die Revision beim Bundesverwaltungsgericht zugelassen, und die schleswig-holsteinischen Datenschützer haben inzwischen Revision eingelegt.[53] Man darf also weiter gespannt sein.

5. Die Transparenzgesellschaft

Die vielleicht wichtigste Auswirkung der digitalen Revolution besteht darin, dass sie vieles aufdeckt, was in früheren Zeiten den Blicken Dritter verborgen blieb. Transparenz hat einen positiven Klang – bisweilen wird sie sogar als »Star« unter den Wörtern bezeichnet.[1] Egal, ob dieser Hype wirklich berechtigt ist – Transparenz ist eine Voraussetzung dafür, dass wir uns in der Welt zurechtfinden, und deshalb ist sie im wahrsten Sinne des Worts lebenswichtig. Und trotzdem gibt es ein Problem: Bezogen auf den Einzelnen würde umfassende Transparenz bedeuten, dass sein gesamtes Denken, Kommunizieren und Handeln öffentlich wird und prinzipiell von jedermann nachvollzogen werden kann. Die Forderung nach »uneingeschränkter Transparenz« bedeutet letztlich den Verlust jeglicher Privatsphäre. Auch wenn manche Entwicklung der Informationstechnologie nahelegt, dass wir letztlich alle zu »gläsernen Bürgern« werden, bedeutet dies nicht, dass man eine solche Entwicklung auch goutieren oder als Schicksal hinnehmen müsste.

Der 2014 verstorbene Rechtswissenschaftler und ehemalige Bundesverfassungsrichter Winfried Hassemer brachte die existenzielle Bedeutung von Transparenz auf den Punkt:

»Vermutlich war die Durchsichtigkeit der Welt für die Menschen und Tiere, die in ihr leben (so möchte ich »Transparenz« vorläufig für den Hausgebrauch einmal übersetzen), über unvorstellbar lange Zeit als Voraussetzung jeglicher Orientierung in dieser Welt so selbstverständlich, dass ihre Existenz und Wichtigkeit so wenig des Nachdenkens und der Rede wert waren wie die Luft, die wir atmen: In einer undurchsichtigen Welt kommt niemand und nichts zurecht, und das ist nicht erst seit gestern so.«[2]

Solange der Mensch auf seine eigenen Wahrnehmungen, also auf den Nahbereich beschränkt war, blieb ihm trotzdem vieles verborgen. Außerdem war die Wahrnehmung nicht gleichbedeutend mit einem Verstehen der Zusammenhänge. Erst die Sprache änderte die Spielregeln für die Orientierung des Einzelnen und der Gruppe. Sprache, d. h. die Benennung von Dingen und Zusammenhängen, führt die Erkenntnisse über den selbst gesehenen und erlebten Bereich hinaus. Sprache ermöglicht eine abstrakte Welterkenntnis, die weit über die gegenständliche Realität hinausweist. Ohne Sprache gäbe es keine Kultur, Wissenschaft und Religion. Für wie wichtig unsere Vorfahren sprachliche Festlegungen hielten, belegen die folgenden Bibelworte am Beginn des Johannes-Evangeliums: »Im Anfang war das Wort, und das Wort war bei Gott, und das Wort war Gott. Im Anfang war es bei Gott. Alles ist durch das Wort geworden und ohne das Wort wurde nichts, was geworden ist.«[3]

Die Weitergabe von Wahrnehmungen, Erkenntnissen und Meinungen ist der entscheidende Sprung, der die Menschheit aus der Tierwelt herausgehoben und die Zivilisation möglich gemacht hat.[4] Heute gilt mehr denn je: Informationen sind der Kitt, der die Gesellschaft zusammenhält. Das gesprochene, aufgeschriebene oder digital übermittelte Wort vermittelt zunächst einen Eindruck davon, wie der Sprecher bzw. Autor die Wirklichkeit sieht. Die Nachricht wird vom Empfänger gedeutet und trägt zu seiner Weltsicht bei, und sie erleichtert so die Orientierung, d. h., sie verbessert den Durchblick. Trotzdem war die Transparenz selbst bis ins 20. Jahrhundert hinein kaum ein Thema.

Dabei sind die Möglichkeiten zur sprachlichen Kommunikation und zur Wissensspeicherung ungleich verteilt. Mit der Differenzierung der Gesellschaft wuchs frühzeitig die Bedeutung von Herrschaftswissen. In un- und vordemokratischen Gesellschaften agierten die herrschenden Eliten vielfach im Verborgenen, unbehelligt von öffentlicher Kontrolle und Kritik. Die Geheimhaltung ging im Extremfall so weit, dass sogar die Namen der obersten Entscheidungsträger, bisweilen die Namen sämtlicher Mitglieder der herrschenden Gruppe vor der Öffentlichkeit geheim gehalten wurden. Einerseits wurde dadurch die Herrschaft mystifiziert, weil das Unbekannte als solches mächtig und bedrohlich erscheint. Andererseits diente die Geheimhaltung praktischen Zwecken: Indem die Angehörigen der herrschenden Aristokratie unbekannt waren, blieb der Masse der Bevölkerung verborgen, wie zahlenmäßig schwach die herrschende Schicht wirklich war.[5]

Dass derartige Verfahrensweisen bis in unsere Tage praktiziert werden, belegen etwa die Verhältnisse in Nordkorea, wo die Zusammensetzung der kommunistischen Elite und die wirkliche Machtverteilung als Staatsgeheimnisse gehütet werden.

Transparenter Staat

Dass Josef Ackermann, damals noch Vorstandsvorsitzender der Deutschen Bank, im April 2008 seinen 60. Geburtstag zusammen mit 30 Freunden feierte, ist eigentlich keiner Rede wert. Zu einer Angelegenheit des öffentlichen Interesses wurde das Geburtstagsdinner erst, als Medien ein Jahr später herausfanden, dass die Feier im Bundeskanzleramt auf Einladung von Angela Merkel stattfand. Mit Blick auf die Bankenkrise und eventuelle Verflechtungen von Politik und Wirtschaft begehrten zwei Journalisten beim Bundeskanzleramt Informationen zu dieser Einladung. Sie beriefen sich dabei auf das Informationsfreiheitsgesetz (IFG). Das Kanzleramt verweigerte jedoch die Herausgabe der Gästeliste. Die Gäste hätten ein legitimes Interesse daran, dass ihre Teilnahme an dem Abendessen nicht bekannt werde. Das Verwaltungsgericht sah dies anders: Es verpflichtete das Kanzleramt zur Herausgabe der verlangten Informationen. Die demokratische Meinungs- und Willensbildung und die Kontrolle des staatlichen Handelns überwiege das Interesse der Gäste an der Geheimhaltung. Zudem seien diese nicht als Privatpersonen, sondern in ihrer gesellschaftlichen Funktion offiziell von der Bundeskanzlerin eingeladen worden. Das Kanzleramt musste also notgedrungen – wenn auch mit zweijähriger Verspätung – die Gästeliste herausrücken.[6]

Der Fall verdeutlicht, dass Deutschland – ziemlich spät – zu den Demokratien aufgeschlossen hat, die – teils schon seit vielen Jahrzehnten – die Transparenz des Staats durch einen allgemeinen gesetzlichen Anspruch auf Akteneinsicht garantieren. Bereits im 18. und 19. Jahrhundert setzte sich im Westen die Vorstellung durch, dass Transparenz notwendig ist, um den Gebrauch und vor allem den Missbrauch von Macht zu begrenzen. Presse-, Meinungs- und Informationsfreiheit haben hier ihre gemeinsamen Wurzeln. Nur wenn die Menschen die Möglichkeit haben, sich ohne Furcht vor Repression zu informieren und sich frei zu äußern, können sie auch politisch Einfluss nehmen. Ein staatliches Selbstverständnis, das auf der Abschottung des Wissens vor dem Volk beruht, ist deshalb mit modernen Vorstellungen von Demokratie und Partizipation unvereinbar. »Publicity is justly commended as a remedy for social and industrial diseases. Sunlight is said to be the best of disinfectants«, meinte vor mehr als 100 Jahren der berühmte amerikanische Rechtswissenschaftler Louis D. Brandeis, und er zielte dabei auf den Staat und seine Anfälligkeit für Vetternwirtschaft und Korruption, die er als »soziale Krankheiten« ansah.[7]

Während die Behörden in Skandinavien bereits seit Langem dazu verpflichtet sind, den Bürgern Einblick in ihre Akten zu gewähren, und dieser Anspruch dort sogar in den Verfassungen verbrieft wurde – bereits im Jahr 1766 (!) wurde in Schweden der Zugang zu Verwaltungsunterlagen als allgemeines Bürgerrecht rechtlich anerkannt –, blieb die Transparenz staatlicher Entscheidungsprozesse in anderen Staaten zunächst alles andere als selbstverständlich. Dies galt sogar für Demokratien. So tagte das englische Parlament bis ins 19. Jahrhundert hinein geheim. Wer über die Parlamentssitzungen öffentlich berichtete, machte sich strafbar, weil in solchen Berichten ein Verstoß gegen parlamentarische Privilegien gesehen wurde.[8] Die Äußerung eines englischen Politikers ist in diesem Sinne zu verstehen: Eine Gruppe von Leuten sei desto leichter in Übereinstimmung zu bringen, je geheimer ihre Verhandlungen geführt würden. Auch heute gibt es viele Staatsgeheimnisse, die von den Regierungen verbissen gegen eine neugierige Presse und aufmüpfige Oppositionspolitiker verteidigt werden, häufig mit denselben Argumenten wie im 19. Jahrhundert.

Inzwischen hat sich zum Glück die Auffassung durchgesetzt, dass in der Demokratie öffentliche Angelegenheiten grundsätzlich öffentlich zu beraten sind. Weder der Staatshaushalt noch die Gesetze sind Geheimsache. Wer ein öffentliches Amt wahrnimmt, muss es hinnehmen, dass über ihn und sein Handeln öffentlich berichtet und diskutiert wird. In demokratischen Staaten sind die Bürger – anders als in Monarchien oder Diktaturen – keine Untertanen mehr, die geheim getroffene Entscheidungen der Obrigkeit widerspruchslos hinnehmen müssen. Vielmehr ist das Volk selbst der Souverän, der letztlich über seine Angelegenheiten auch selbst entscheidet. Die Bürgerinnen und Bürger brauchen Informationen, um sich in den politischen Diskussionen zurechtzufinden und bei Wahlen entscheiden zu können.

Freedom of Information

Der Ursprung des modernen Prinzips »Freedom of Information« ist vermutlich eine Feststellung der Generalversammlung der Vereinten Nationen aus dem Jahr 1946: »Freedom of information is a fundamental human right and is the touchstone for all the freedoms by which the United Nations is concerned.«[9] Die Bürgerrechts- und Demokratiebewegung der 1960er-Jahre in den USA hat sich besonders für die Informationsfreiheit eingesetzt. Auf sie geht das bahnbrechende Informationsfreiheitsgesetz der USA zurück, der Freedom of Information Act (FOIA) aus dem Jahr 1966.

Das – in Deutschland erst 2006 auf Bundesebene eingeführte – Recht auf Zugang zu bei öffentlichen Stellen vorhandenen Informationen wirkt sich auf das Machtgefüge aus. Es handelt sich um ein neues »Jedermannrecht«, das nicht an eine bestimmte Rolle oder Funktion gebunden ist. Bisher hatte nur derjenige Anspruch auf Akteneinsicht, der von einem Verwaltungsakt selbst betroffen ist. Der 1977 eingeführte datenschutzrechtliche Auskunftsanspruch beschränkt sich auf die persönlichen Daten des Betroffenen. Das Presserecht verpflichtet staatliche Stellen nur zur Beantwortung von Fragen, die von Journalisten gestellt werden, und Abgeordnete haben nur in ihrer parlamentarischen Funktion ein Fragerecht. Anders das Informationszugangsrecht nach dem IFG: Jeder kann Auskunft oder Akteneinsicht bei öffentlichen Stellen des Bundes verlangen und muss keine Gründe dafür nennen. Das IFG sollte das Regel-Ausnahme-Verhältnis beim Umgang staatlicher Stellen mit Informationen umkehren. Während zuvor galt, dass die Behörden die Kenntnisse, die ihnen im Rahmen ihrer Tätigkeit zufließen, geheim zu halten haben (Amtsgeheimnis), sollen sie nach den Informationsfreiheitsgesetzen grundsätzlich für jedermann einsehbar und nachvollziehbar sein. Während früher der Bürger ausdrücklich begründen musste, warum er eine Information begehrte, muss heute die Behörde begründen, warum sie eine Information nicht herausgeben will. Die Behörde darf den Informationszugang nur verweigern, wenn ein gesetzlich festgelegter Ausnahmetatbestand vorliegt.

Leider wird diese allgemeine Zugangsmöglichkeit zu staatlichen Akten und Datensammlungen von vielen Behördenmitarbeitern immer noch vornehmlich als zusätzliche Belastung oder gar Bedrohung wahrgenommen. Die offensichtlich im deutschsprachigen Raum besonders ausgeprägte Tradition des Amtsgeheimnisses lebt offenbar fort, auch wenn es eigentlich der Vergangenheit angehören sollte. Dabei kann die verbesserte Transparenz das Vertrauen in behördliche Entscheidungsprozesse durchaus stärken. Eine Behörde, die ihre Entscheidungsprozesse offenlegt und sich der Kritik stellt, ist allemal vertrauenswürdiger als ein Amt, das – wie im Roman *Das Schloss* von Franz Kafka – seine Meinungsbildung als Mysterium gestaltet, das gegen alle Einblicke von außen hermetisch abgeschottet wird. Der Anspruch auf Zugänglichkeit von amtlichen Unterlagen kann sogar dazu beitragen, den verwaltungsinternen Umgang mit Informationen effizienter zu gestalten.

Insbesondere in osteuropäischen Staaten, die erst nach der Beendigung der Blockkonfrontation zwischen Ost und

West zur Demokratie (zurück)gefunden haben, besteht ein durch die Verfassung verbriefter Anspruch auf Informationszugang. In Deutschland enthält nur die Verfassung des Landes Brandenburg von 1992 ein ausdrückliches Informationszugangsrecht: »Jeder hat nach Maßgabe des Gesetzes das Recht auf Einsicht in Akten und sonstige amtliche Unterlagen der Behörden und Verwaltungseinrichtungen des Landes und der Kommunen, soweit nicht überwiegende öffentliche oder private Interessen entgegenstehen.«[10] Es ist naheliegend, dass die Erfahrungen mit dem DDR-Staatsapparat, die damals noch sehr präsent waren, zu diesem Verfassungsartikel beigetragen haben.

Während mehr als 100 000 offizielle und inoffizielle Mitarbeiter des Staatssicherheitsdienstes intensiv an der umfassenden Überwachung der Bevölkerung arbeiteten, verweigerte der »erste demokratische Arbeiter- und Bauernstaat auf deutschem Boden« seinen Bürgern jeglichen Einblick in Staatsinterna nach Kräften. Kurz nach der »Wende« – es muss im Sommer 1990 gewesen sein – hatte ich die Möglichkeit, ein Gebäude zu besichtigen, das zuvor vom statistischen Amt der DDR genutzt wurde. Die Gebäudesicherung ging über alles hinaus, was ich von den westlichen Statistikämtern kannte. Vor allem die Innentüren waren mit auffälligen, vor die Schlösser gesetzten Sperreinrichtungen versehen. Auf meine Frage nach dem Sinn und Zweck dieser sehr aufwendigen Abschottungsmaßnahmen bekam ich eine überraschende Antwort: In den betreffenden Räumlichkeiten lagerten die Ergebnisse statistischer Erhebungen. Alle Informationen, die Einblick in die tatsächliche Lage des

Landes hätten geben können, wurden als Staatsgeheimnisse behandelt und waren nur wenigen Stellen in Partei und Staat zugänglich. Dagegen galten die statistischen Einzelunterlagen, insbesondere die personenbezogenen Daten über die DDR-Bürger, als wesentlich weniger schützenswert.

Folglich war es für das neue ostdeutsche Bundesland naheliegend, sowohl den Datenschutz als auch den Anspruch auf Informationszugang im Grundgesetz abzusichern. Vorschläge zur Einfügung dieser Grundrechte in das Grundgesetz, die an dem runden Tisch zur Verfassungsreform im Zuge der Wiedervereinigung diskutiert wurden[11], fanden aber leider nicht die erforderlichen verfassungsändernden Mehrheiten.

Immerhin gibt es inzwischen im Bund und den meisten Bundesländern Informationsfreiheitsgesetze (IFG). In Bayern, Sachsen, Hessen, Baden-Württemberg und Niedersachsen gibt es bisher keine entsprechenden Regelungen. Immerhin haben die Landesregierungen der drei letztgenannten Bundesländer, an denen Bündnis 90/Die Grünen beteiligt sind, die baldige Einführung von Informationsfreiheits- bzw. Transparenzgesetzen angekündigt. Bei den meisten bisherigen Informationsfreiheitsgesetzen sind die Ausnahmetatbestände allerdings so umfangreich, dass sie den freien Zugang zu den staatlichen Datenspeichern häufig wieder verstellen. Die umfangreichen, doppelt und dreifach genähten Ausnahmebestimmungen führen zudem dazu, dass die Bearbeitung von Bürgeranträgen auf Informationszugang sehr aufwendig ist, weil die Behördenmitarbeiter die Anträge mit den vielfältigen Ausnahmebestimmungen abgleichen müssen.

Wenige, leichter verständliche Ausnahmeregeln, die sich auf das wirklich notwendige Maß reduzieren, könnten den Verwaltungsaufwand deshalb verringern.

Transparenz nicht bloß auf Nachfrage

Im Mittelpunkt der Informationsfreiheitsgesetze steht der Anspruch für jedermann, auf Anfrage Zugang zu staatlichen Informationen zu erhalten, egal, in welcher Form sie gespeichert sind. Die Gesetze stehen in der Tradition des seit Langem von Bürgerrechtlern propagierten allgemeinen Rechts auf Akteneinsicht. In mehreren Ländern gibt es inzwischen Plattformen, die Informationen, die staatliche Stellen schon einmal auf Anfrage herausgegeben haben, über das Internet allgemein zugänglich machen. Zugleich können die Nutzer die Plattform verwenden, um eigene Anfragen an Behörden zu richten. Die Antworten werden dann ebenfalls auf der Plattform veröffentlicht.

Sehr erfolgreich ist die britische Internetplattform »WhatDoTheyKnow«, auf der inzwischen mehr als 250 000 Anfragen an fast 16 000 verschiedene Behörden erfasst sind.[12] Sie war das Vorbild für das deutsche Portal »FragDenStaat« (fragdenstaat.de), das 2011 von verschiedenen Organisationen der Zivilgesellschaft initiiert wurde, darunter das Open Data Network, Digitale Gesellschaft e. V. und verschiedene Journalistenverbände. Anders als die bereits 2006 gestartete Vorläuferplattform »Befreite Dokumente« entwickelte sich

»FragDenStaat« zu einem Erfolgsmodell. Alle über die Plattform gestellten Fragen und Antworten werden auf dieser Seite dokumentiert, es sei denn, der Anfragesteller ist damit nicht einverstanden. Wenn es beim Informationszugang »hakt«, können sich Bürgerinnen und Bürger auf diesem Wege auch unkompliziert mit der Bitte um Unterstützung an die Informationsfreiheitsbeauftragten des Bundes und der Länder wenden.

Auch wenn die Anzahl der Anfragen bei dem von der Open Knowledge Foundation betriebenen Portal mit 4646[13] weit hinter dem britischen Vorbild zurückbleibt, ist sie doch im Vergleich zu den hier ebenfalls sehr viel geringeren Gesamtzahlen der in Deutschland gestellten IFG-Anträge sehr beachtlich. Auf jeden Fall ist es den Initiatoren der Plattform gelungen, die sehr unterschiedliche Antwortpraxis der Behörden zu dokumentieren und damit die Diskussion über notwendige Verbesserungen des Informationszugangs zu befördern.

Damit nicht genug: Transparenz staatlicher Stellen darf sich nicht darauf beschränken, Anfragen zu beantworten. Informationen gehören ins Netz. Diesem Gedanken folgt etwa das zentrale Bremer Informationsregister. In Berlin wurde, initiiert durch ein Volksbegehren, der Anspruch ins Gesetz geschrieben, dass Verträge und sonstige Informationen über Privatisierungen staatlicher Einrichtungen öffentlich zu machen sind. Am weitesten geht das hamburgische Transparenzgesetz, dass eine umfassende aktive Bereitstellung einer Vielzahl der in der Verwaltung vorhandenen Informationen auf einem Internetportal vorsieht.

Trotz dieser bemerkenswerten Fortschritte in Richtung transparenter Staat bleibt noch viel zu tun. Der Informationsfreiheitsbeauftragte von Rheinland-Pfalz, Edgar Wagner, brachte es auf den Punkt: »Der lange Weg zum transparenten Staat kann nur dann erfolgreich beschritten werden, wenn die Bürgerinnen und Bürger von ihren Informationsrechten erfahren und davon Gebrauch machen, wenn die Regierungen das Ziel des transparenten Staates zu ihrem eigenen Ziel machen und wenn die Verwaltungen hieran aktiv mitwirken.«[14] Davon sind wir aber noch ziemlich weit entfernt.

Blinder Fleck Geheimdienste

Bei der Auflösung von Geheimdiensten und bei der Aufarbeitung autoritärer Regime hat sich das Aufhellen von Strukturen, Daten und Aktivitäten bereits bewährt (»Lustration«). Sowohl bei der Aufbereitung der Akten des Staatssicherheitsdienstes der DDR als auch später bei der südafrikanischen »Wahrheits- und Versöhnungskommission«, die das Erbe des Apartheitsregimes aufarbeitete, war es von entscheidender Bedeutung, dass die Opfer umfassende Kenntnis von den Vorgängen erhielten.

Dabei war die Öffnung der Stasi-Akten zum Zeitpunkt der Wiedervereinigung Deutschlands durchaus umstritten. Die damalige Bundesregierung fürchtete offenbar menschliche und rechtliche Konflikte und hätte es gerne gesehen, wenn die Akten geschlossen worden wären. Schließlich sorgten DDR-Bürgerrechtler mit der Besetzung des Zentralarchivs der Stasi für einen Passus im Einigungsvertrag, der die Nutzung der Stasi-Akten vorsah. »Dies war ein historisches Ereignis. Denn damit war die Grundlage geschaffen, dass erstmals in der Welt die Akten einer Geheimpolizei für die Gesellschaft transparent gemacht wurden. Die Akten der Geheimpolizei der DDR wurden demokratisiert«, erinnerte sich der für die Verwaltung der riesigen Aktenbestände des ehemaligen Staatssicherheitsdienstes der DDR heute zuständige Roland Jahn.[15]

Mehr Transparenz bei Nachrichtendiensten ist nicht erst dann notwendig, wenn sich die Folgen gravierender Fehlentwicklungen in der Öffentlichkeit zeigen. Sie darf sich nicht auf die nachträgliche Aufarbeitung der Hinterlassenschaften von Unrechtsstaaten beschränken. Vielmehr kann verbesserte Transparenz auch bei den Nachrichtendiensten demokratischer Staaten dazu beitragen, dass solche Fehlentwicklungen gar nicht erst eintreten.

In dem vom Deutschen Bundestag im Sommer 2005 kurz vor Toresschluss mit Mehrheit der seinerzeitigen rot-grünen Koalition beschlossenen Bundes-IFG blieben die Geheimdienste ein blinder Fleck. Gegenüber Nachrichtendiensten besteht – anders als bei allen Bundesbehörden – generell kein Anspruch auf Informationszugang. Während also jedermann – ohne Nachweis einer persönlichen Betroffenheit – vom Verkehrsministerium, dem Bundeskanzleramt und auch von der Bundespolizei Einblick in deren Akten oder den Zugang zu elektronisch gespeicherten Daten verlangen kann, besteht ein solches Recht nicht gegenüber dem Bundesamt für Verfassungsschutz, dem Militärischen Abschirmdienst und dem Bundesnachrichtendienst. Sicher – auch ansonsten werden viele Anträge auf Informationszugang abgelehnt, aber jede Ablehnung muss begründet werden, und die Antragsteller können die ablehnenden Entscheidungen gerichtlich überprüfen lassen – in vielen Fällen mit Erfolg. Bei den Nachrichtendiensten hätten die Antragsteller auch vor Gericht keinen Erfolg, denn hier greift die einzige »Bereichsausnahme« des IFG: Hier und nur hier laufen Informationsbegehren stets gegen die Wand.

Warum enthält das deutsche Informationsfreiheitsgesetz – anders als etwa der US-amerikanische Freedom of Information Act – eine solche generelle Ausnahmebestimmung gegen die Transparenz von Geheimdiensten? Als das Gesetz formuliert wurde, bestanden das von Otto Schily geführte Bundesinnenministerium und das Bundeskanzleramt Gerhard Schröders darauf. Ohne den »Welpenschutz« für die Geheimdienste hätte es kein Informationsfreiheitsgesetz gegeben.

Es ist an der Zeit, diesen besonderen Schutzschirm für die Geheimdienste endlich einzuklappen. Spätestens seit der Bundestags-Untersuchungsausschuss zur NSA-Affäre immer mehr Einzelheiten über die Verwicklung deutscher Geheimdienste in die globalen Überwachungsaktivitäten ans Licht gebracht hat, wird immer deutlicher, dass hier vor allem zwei Dinge nötig sind: mehr Transparenz und bessere rechtsstaatliche Kontrolle. Ein erster Schritt könnte darin bestehen, endlich die generelle Ausnahmeregelung im IFG für die Geheimdienste zu streichen. Dort, wo vitale Sicherheitsinteressen entgegenstehen, müssten die Dienste auch dann keine Interna herausgeben – das mag man bedauern oder auch nicht. Trotzdem ginge von einer solchen Änderung das wichtige Signal aus, dass sich auch deutsche Geheimdienste innerhalb unserer Rechtsordnung bewegen. Es würde klargestellt, dass sie sich an die Grundrechte des Grundgesetzes und an die Gesetze halten müssen – im Inland wie im Ausland.

Mehr Transparenz – auch bei Unternehmen

Als ich kürzlich auf einer überwiegend von Entwicklern und Internetunternehmern besuchten Konferenz vorschlug, sie sollten die von ihnen in Apps verwendeten Algorithmen offenlegen, erntete ich offenen Widerspruch: Damit würde den Unternehmen die Geschäftsgrundlage entzogen. Ich denke, dass diese Befürchtung lediglich auf die Geschäftsmodelle zutrifft, die nur funktionieren, weil die von der Datenverarbeitung betroffenen Nutzer nicht verstehen, was vor sich geht. Sicherlich haben Urheber und Erfinder ein legitimes Interesse daran, die eigenen geistigen Leistungen vor der Konkurrenz zu schützen – aber dafür gibt es das Patent- und das Urheberrecht. Soweit die rechtlichen Vorgaben nicht mehr ohne Weiteres beim Internet funktionieren, müssen sie an die neuen Erfordernisse angepasst werden. Wenn in großem Umfang persönliche Daten erhoben, verarbeitet und genutzt werden, müssen die Nutzer und die Öffentlichkeit erfahren, was passiert.

Algorithmentransparenz ist nicht nur bei Big Data ein Thema. Auch bei der täglichen Verwendung von elektronischen Geräten und von Alltagsgegenständen werden riesige Datenmengen gespeichert, ausgelesen und übermittelt. Schon heute müssen die Betroffenen darüber aufgeklärt werden, jedenfalls nach den Vorgaben des europäischen Datenschutzrechts: Wer personenbezogene Daten verarbeitet, muss vorab über die Tatsache, den Umfang und die Zwecke der Datenverarbeitung informieren. Außerdem muss er den Betroffenen Auskunft zu den über sie gespeicherten Daten erteilen. In der Praxis werden diese Informationspflichten häufig »vergessen«, oder die Hinweise werden so formuliert, dass der normale Nutzer nicht nachvollziehen kann, was tatsächlich geschieht. Eigentlich müssten »smarte« Fernseher, Küchengeräte und Gebrauchsgegenstände ebenso wie Zigarettenpackungen mit Warnhinweisen versehen werden: »Dieses Gerät beeinträchtigt Ihre Privatsphäre. Es spioniert Sie aus und übermittelt die Daten an …«

Neben dieses Auskunftsrecht des Betroffenen, das naturgemäß nur im Nachhinein wirkt, müssen zusätzliche Hinweis- und Informationspflichten treten, die bereits vor bzw. bei der gegenwärtigen Datenerhebung ansetzen. Je komplexer die technischen Verfahren werden, desto schwieriger ist es für die Nutzer, Art, Umfang und Reichweite der Datenverarbeitungsvorgänge nachzuvollziehen. Der Versuch, die Verarbeitungsvorgänge in Datenschutzerklärungen möglichst vollständig zu erläutern, erweist sich jedoch auch nicht immer als wirklich sinnvoll. Häufig tragen sehr umfangreiche Datenschutzerklärungen – wenn sie denn überhaupt gelesen werden – eher zur Informationsüberlastung bei statt zur Verinnerlichung der dargebotenen Hinweise. Manche Datenschutzerklärungen sind inzwischen so lang, dass sie es mit umfangreichen literarischen Werken aufnehmen können.[16] Umso wichtiger ist es, die Komplexität der Erläuterungen zu reduzieren und dabei trotzdem die wesentlichen Ankerpunkte für den Betroffenen hervorzuheben: Welche Daten werden gespeichert? Zu welchem Zweck und durch wen werden sie verarbeitet? An wen werden sie übermittelt, und wo findet die Datenverarbeitung statt?

Die Integration der Datenverarbeitung in die Gegenstände des täglichen Gebrauchs (Kraftfahrzeuge, Telefone, ja sogar Kleidungsstücke mittels RFID-Chips) macht zudem Hinweise und Kennzeichnungen notwendig, damit der Betroffene zumindest von der Tatsache der Verarbeitung erfährt und sich entsprechend verhalten kann. Dagegen verlieren traditionelle Instrumente wie Meldepflichten gegenüber Aufsichtsbehörden und die Veröffentlichung von Dateiverzeichnissen an Bedeutung.

Auch darüber hinaus ist in der Wirtschaft mehr Klarheit notwendig. Wie wenig davon bisher die Rede sein kann, macht das Beispiel Facebook deutlich: So versicherte das Unternehmen nach der Übernahme des Kurznachrichtendienstes WhatsApp immer wieder, dass zwischen Facebook und WhatsApp keine Daten ausgetauscht würden. Im Gegensatz dazu heißt es in der Anfang 2015 geänderten, sehr umfangreichen Datenschutzerklärung des Dienstes: »Wir teilen Informationen, die wir über dich haben, innerhalb der Gruppe von Unternehmen, die zu Facebook gehören.«[17] Zu den in einer Liste aufgeführten zur Facebook-Gruppe gehörenden Unternehmen gehört auch WhatsApp. Ferner heißt es: »Sollten sich die Eigentums- oder Machtverhältnisse aller bzw. eines Teils unserer Dienste oder ihrer Vermögenswerte ändern, können wir deine Informationen an den neuen Eigentümer übertragen.« Im Ergebnis stellt sich das Unternehmen so im Kleingedruckten eine Art Blankoscheck für eine noch weiter gehende Datenübermittlung und -nutzung aus, die dem deutschen und europäischen Recht widerspricht. Umso wichtiger ist es, dass die Inhalte solcher Erklärungen erneut einer gerichtlichen Kontrolle unterzogen werden, denn der einzelne Nutzer hat kaum eine Chance, die sehr umfangreichen und sehr juristisch formulierten Texte nachzuvollziehen. So klagten Verbraucherschützer schon vor einigen Jahren erfolgreich gegen das Unternehmen und bekamen vor dem Berliner Landgericht recht. Demnach muss Facebook die Nutzer bei der Verwendung von Kontaktdaten für den Facebook-»Freundefinder« klar und deutlich darüber informieren, dass ihr gesamtes Adressbuch zu Facebook importiert und für Freundeseinladungen genutzt wird. Zudem kassierten die Richter die Einwilligungserklärung, mit der die Nutzer der Datenverarbeitung zu Werbezwecken zustimmten. Facebook müsse eine rechtzeitige Information der Nutzer über Änderungen der Nutzungsbedingungen und Datenschutzbestimmungen sicherstellen.[18] Angesichts des robusten Umgangs mancher Internetunternehmen mit persönlichen Daten bleibt dem Einzelnen letztlich vielfach nur die Wahl, auf die Nutzung des entsprechenden Dienstes zu verzichten. Transparenz kann immerhin helfen, die entsprechenden Praktiken zu erkennen und daraus Schlussfolgerungen zu ziehen, sei es auf persönlicher oder auf juristischer Ebene.

Unternehmen sollten schließlich auch darüber informieren, wie sie mit Daten umgehen, die keinen direkten Personenbezug aufweisen. Zum einen ist die Grenze zwischen personenbezogenen und anonymen Daten immer schwieriger zu ziehen, denn die allgegenwärtige Datenverarbeitung erleichtert die Zuordnung vordergründig anonymer Daten zu bestimmten Personen immens. So ist es anhand weniger Standortdaten möglich, namentlich nicht bekannte Personen mit einer an Sicherheit grenzenden Wahrscheinlichkeit zu identifizieren. Zum anderen werden auch anonyme Daten dazu benutzt, den einzelnen Menschen zu klassifizieren. Dabei geht es nicht mehr bloß um die personalisierte Zustellung von Internetwerbung. Auch Versicherungen, Banken und staatliche Stellen interessieren sich für personalisierte Profile und die daraus abgeleiteten Bewertungen und Prognosen. Wenn derartige Datenprofile erstellt und verwendet werden, muss dies den Betroffenen klar und deutlich mitgeteilt werden, und zwar schon bei der Datenerhebung.

Schicksal Überwachung?

Der amerikanische Science-Fiction-Autor David Brin setzte sich schon 1998 in seinem Sachbuch *The Transparent Society* damit auseinander, ob es realistische Alternativen zu einer immer umfassenderen Überwachung gibt. Gerade einmal zwei Jahre nach Barlows pathetischer »Unabhängigkeitserklärung des Cyberspace« rechnet Brin mit den aus seiner Sicht naiven Vorstellungen eines herrschaftsfreien Internets ab. Zugleich glaubt er auch nicht daran, dass sich der Trend zu immer umfassenderer Überwachung durch Datenschutzvorgaben brechen lasse: Die Frage sei nicht, ob die Überwachung zu verhindern oder aufzuhalten sei. Dieser Kampf sei weitgehend verloren. Noch nicht entschieden sei hingegen, wie die Menschen und die Gesellschaft mit der dauerhaften und immer engmaschigeren Beobachtung und Registrierung umgehen. Die Menschheit stehe vor der Alternative, sich einer allwissenden Obrigkeit zu unterwerfen oder die Überwachung zu demokratisieren, sodass die Überwachungsmöglichkeiten jedermann zur Verfügung stehen. Er verdeutlicht dies mit dem Bild zweier Städte, die sich weniger im Umfang und in der Intensität der Überwachung unterscheiden, aber sehr verschieden mit den dabei erlangten Informationen umgehen:

Bei dem autoritären Modell landen alle Erkenntnisse in zentralen Datenspeichern, die von wenigen Mächtigen kontrolliert werden. Diese wissen alles über die Bürger, die ihrerseits keine Chance haben, das Handeln staatlicher Stellen und mächtiger Konzerne zu kontrollieren, weil ihnen der

Zugang zu den Informationen vorenthalten wird. Zugleich sorgen die Informationseliten dafür, dass sie selbst nicht überwacht werden. Dagegen müssen die Informationshabenichtse stets damit rechnen, überall und dauernd in ihrem Verhalten registriert zu werden.

In dem Alternativmodell gibt es zwar nicht weniger Überwachung, doch die Informationen werden dezentral gespeichert. Auch Behörden werden überwacht, mit der Konsequenz, dass schlechte oder gesetzwidrige Praktiken von Polizisten und anderen Behördenmitarbeitern entdeckt und verfolgt werden können. Bei diesem Szenario haben alle die gleichen Zugangsmöglichkeiten zu den gesammelten Informationen.

Es ist nicht überraschend, dass Brin das Modell der »demokratischen Überwachungsgesellschaft« favorisierte. Während die einseitige Überwachung durch eine allwissende Obrigkeit geradezu zum Machtmissbrauch einlade, würde die umfassende Transparenz des Handelns staatlicher und privater Machthaber diese davon abhalten, ihre Befugnisse zu überschreiten. In beiden Szenarien unterlägen die Menschen zwar einem erheblichen Anpassungsdruck, weil nahezu alle ihre Aktivitäten beobachtet und registriert würden. Trotzdem wären die negativen Folgen einer demokratischen, dezentralisierten Überwachung bei Weitem geringer als in einem autoritären Überwachungsstaat.

Auch wenn ich als überzeugter Datenschützer weiterhin der Auffassung bin, dass staatlichem und privatem Datensammeln Grenzen gesetzt werden müssen, ist nicht zu leugnen, dass wir von diesem Ziel heute weiter entfernt sind als vor 20 Jahren. Die Edward Snowden zu verdankenden Erkenntnisse über die geheimdienstliche Überwachung und die ungebremsten Datensammlungen von Internetkonzernen verdeutlichen, dass der Kampf für Datensparsamkeit und Datenvermeidung bisher nicht allzu erfolgreich war. Dies darf nicht ausgeblendet werden, wenn heute über Konzepte für den Datenschutz diskutiert wird. Während bei der klassischen Datenschutzdebatte der Einzelne und die Wahrung seiner individuellen Privatsphäre im Mittelpunkt standen, muss nun auch die Frage der Zugänglichkeit zu Informationen ins Blickfeld gestellt werden. So wichtig es ist, den Einzelnen vor dem Missbrauch seiner Daten zu schützen, so wichtig sind die Vorgaben, wie mit Informationen umgegangen wird. Von zentraler Bedeutung ist dabei mehr Transparenz bei Unternehmen und Behörden, auch und gerade im Hinblick auf den Umgang mit Daten.

Das immer wieder infrage gestellte Bild, Informationsfreiheit und Datenschutz seien keine Gegensätze, sondern zwei Seiten derselben Medaille, stimmt heute mehr denn je. Transparenz geht nicht automatisch auf Kosten des Datenschutzes und anderer Grundrechte. Richtig verstanden kann mehr Transparenz sogar dazu beitragen, die Datengier zu bremsen und die immer deutlichere Asymmetrie beim Umgang mit Informationen aufzubrechen.

Transparenz kann gleichermaßen staatliche Macht begrenzen und vor Willkür schützen, sie bietet aber auch Schutz vor privaten Übergriffen. Auch wenn Google, Facebook & Co. uns dazu animieren, alle unsere persönlichen Daten ins Netz zu stellen, und uns beim Surfen im Web beobachten, brauchen wir doch einen Raum, in dem wir vor fremden Blicken (und Mikrofonen) geschützt sind: die Privatsphäre. Sie bezeichnet denjenigen Bereich, den der einzelne Mensch oder eine Gemeinschaft für sich beanspruchen kann, in dem er er »selbst« sein kann, ohne auf externe Rollenerwartungen Rücksicht nehmen zu müssen. In diesem privaten Bereich muss er sich darauf verlassen können, nicht beobachtet und überwacht zu werden. Er muss die Möglichkeit haben, persönliche Einstellungen, Befürchtungen, Meinungen und Ansichten mit Verwandten und guten Freunden frei zu besprechen, ohne befürchten zu müssen, dass dies öffentlich bekannt wird. Nur so können Vertrauensbeziehungen entstehen und Bestand haben.

Der Aufbau und die Gewährleistung von Vertrauensbeziehungen ist auch der Grund für traditionelle und berufliche Geheimhaltungspflichten, etwa das Beichtgeheimnis, die ärztliche Schweigepflicht, das Sozialgeheimnis und das Post- und Fernmeldegeheimnis. Wenn der Gläubige befürchten muss, dass der Pfarrer das ihm in der Beichte anvertraute Geheimnis öffentlich macht, wird er auf die Beichte in aller Regel verzichten. Wenn der Sozialarbeiter dazu verpflichtet würde, stets die Polizei einzuschalten, wenn er von einer Straftat erfährt, wird ihm von dem zu Betreuenden vieles vorenthalten, was er zur Ausübung seines Berufs wissen müsste. Der Arzt, der sein Wissen über den Gesundheitszustand seiner Patienten weitergibt, würde seine Vertrauensstellung einbüßen und könnte seinen Beruf nicht mehr ausüben. Wer befürchten muss, dass seine Kommunikation überwacht und jedes mitgeteilte Wort registriert wird, überlegt sich dreimal, ob er etwa über Telefon oder per E-Mail bestimmte Sachverhalte mitteilt. Letztlich ist der Verlust der Privatsphäre und der Vertraulichkeit gleichbedeutend mit der Einschränkung der persönlichen Freiheit und Selbstbestimmung.

Obwohl diese negativen Folgen bekannt sind, fordern manche Politiker und Medienvertreter wider besseres Wissen die Aufhebung des Schutzes der Privatsphäre immer dann, wenn irgendetwas schiefläuft, etwa in Fällen schwerer Kriminalität und des Terrorismus. Diese – häufig reflexartigen – Reaktionen haben bereits zu schwerwiegenden Verwerfungen geführt und wichtige Grundfesten des Rechtsstaates beschädigt, ohne nachgewiesenermaßen zur Verringerung der entsprechenden Gefahren beizutragen. So hat die ohne Rechtsgrundlage heimlich seit 2001 betriebene umfassende Vorratsdatenspeicherung aller US-Telefondaten beim Geheimdienst NSA keine nachweisbaren Erfolge im Kampf gegen den Terrorismus gebracht, wie das zur Kontrolle der Anti-Terror-Maßnahmen eingesetzte Privacy and Civil Liberties Oversight Board (PCLOB) Anfang 2014 feststellte. Das Gremium kam zu dem Ergebnis, dass die umfassende Metadatensammlung weder konkrete Ermittlungen gegen den Terrorismus vorangebracht noch zur Aufklärung bisher unbekannter Anschlagsplanungen beigetragen habe. Nach Sichtung der geheimen Akten der Geheimdienste und anderer Sicherheitsbehörden stellte das PCLOB fest, es gebe keinerlei Nachweise für die Wirksamkeit der massenhaften Erhebung von Telefon-Metadaten bei der Bekämpfung des Terrorismus.[19]

Solche Fakten werden auch bei der nach den Anschlägen von Paris im Januar 2015 wieder aufgeflammten Debatte über die Wiedereinführung der Vorratsdatenspeicherung geflissentlich übersehen. Das Bundesverfassungsgericht hatte ein entsprechendes Gesetz bereits im Jahr 2010 für verfassungswidrig erklärt[20], und der Europäische Gerichtshof hat 2014 festgestellt, dass die EU-Richtlinie zur Vorratsdatenspeicherung nicht mit der EU-Grundrechtecharta vereinbar und deshalb nichtig ist.[21] Weder die faktische Wirkungslosigkeit noch die schwerwiegenden verfassungsrechtlichen Bedenken halten die Regierungsparteien der Großen Koalition aus CDU/CSU und SPD davon ab, dieses Instrument erneut – diesmal im deutschen Alleingang – einzuführen. Dies wird nicht unbedingt die Glaubwürdigkeit von Bekenntnissen zur Privatsphäre erhöhen, die inzwischen zum rednerischen Standardrepertoire gehören.

Chilling-Effekt

Wem ein kalter Wind entgegenweht, dem erscheinen die Temperaturen niedriger, als sie objektiv sind. Wir schützen uns, indem wir uns wärmer anziehen, oder wir gehen erst gar nicht mehr nach draußen. Anpassungsreaktionen gibt es auch bei zunehmender Überwachung. Seit Langem diskutieren Soziologen, Psychologen und Juristen über solche als »Chilling-Effekte« bezeichneten Veränderungen. So vertritt das Bundesverfassungsgericht seit Langem die Auffassung, dass ein ständiger Überwachungsdruck Einschüchterungseffekte erzeugt. Wer sich überwacht fühlt – so das Argument –, verhält sich nicht unbefangen und verzichtet »freiwillig« auf die Wahrnehmung seiner Rechte. Wenn geschützte Räume verschwinden, in denen eine ungestörte und unbeobachtete Meinungsbildung stattfinden kann, führt dies auch zur Verarmung der politischen Debatte.

Jüngere Studien bestätigen derartige Chilling-Effekte. Insbesondere staatliche Stellen setzen vielfach auf Einschüchterung. So räumten etwa Angehörige der Bundeswehr ein, mit Überwachungsdrohnen in bestimmten Fällen besonders tief zu fliegen, um potenzielle Kriegsgegner einzuschüchtern. Auch polizeiliche Kameraüberwachung im öffentlichen Raum wird häufig damit begründet, dass Überwachung potenzielle Straftäter abschreckt.[22] Aus einer im August 2014 veröffentlichten Studie des MIT geht hervor, dass Nutzer von Google nach Bekanntwerden der NSA-Massenüberwachung deutlich seltener nach Suchworten suchten, die sie als »gefährlich« empfanden.[23] Dabei verglichen die Autoren die häufig verwendeten Suchbegriffe vor und nach Beginn der Snowden-Veröffentlichungen am 6. Juni 2013. Ein interessantes Ergebnis dieser Studie besteht darin, dass die Berichterstattung zur umfassenden Internetüberwachung nicht nur zum Rückgang der Suchanfragen führte, die nur entfernt mit Terrorismus zusammenhängen, wie das Wort »Explosivstoffe«, sondern auch bei umstrittenen gesellschaftlichen Themen wie »Abtreibung«.

Johannes Boie brachte die Wirkungen des Chilling-Effekts in einem kurz nach dem Beginn der Snowden-Affäre geschriebenen Kommentar auf den Punkt: »Wenn sich Nutzer fragen, ob die Nachricht, die sie schreiben, das Video, das sie anschauen, die Lektüre des Textes, den sie lesen, nicht irgendwann gegen sie verwendet wird. Und dann die Nachricht nicht schreiben, den Text nicht lesen, das Video nicht gucken. Wer so aus Angst vor Folgen handelt, ist fremd im eigenen Haus. Er ist auch kein Bürger mehr. Er ist ein Untertan.«[24]

Wer die Errungenschaften der umfassenden Digitalisierung preist, darf über die negativen Folgen nicht schweigen. Leider findet eine solche nüchterne Bilanzierung nicht allzu häufig statt, selbst dann nicht, wenn die Schattenseiten eigentlich kaum zu übersehen sind, wie etwa bei Big Data.

Big Data

Wie für viele andere Schlüsselbegriffe des Informationszeitalters gibt es für Big Data keine allgemein akzeptierte Definition außer dem Verweis auf den Umgang mit riesigen Datenmengen, die mit herkömmlicher Computertechnik nicht sinnvoll verarbeitet werden können.[25] Allerdings weist diese Beschreibung gleich zwei Unschärfen auf: Zum einen ist nicht klar, welche »herkömmlichen« Techniken gemeint sind, zum anderen nimmt die technische Leistungsfähigkeit der Systeme weiter ungebremst zu mit der Konsequenz, dass nicht mehr von Big Data die Rede sein müsste, wenn die technischen Systeme die Datenmengen bewältigen könnten. Aussagekräftiger sind Definitionen, die die Herkunft und Verwendung der Datenmengen einbeziehen. Demnach bezeichnet Big Data »Datenbestände, die zumeist im Rahmen einer Zweitverwertung zusammengeführt, verfügbar gemacht und ausgewertet werden«.[26]

An der Tatsache, dass die schon heute ungeheuren Datenmengen weiter zunehmen werden, besteht allerdings kein ernsthafter Zweifel, egal, mit welchen Begrifflichkeiten dies beschrieben wird. Dafür sorgt schon das erwähnte Moore'sche Gesetz, nach dem sich die Leistungsfähigkeit elektronischer Komponenten alle 18 bis 24 Monate verdoppelt. Wesentliche Voraussetzungen für die Realisierung von Big-Data-Ansätzen sind bereits vorhanden: Sensoren liefern eine immer größere Informationsbasis, das Internet verknüpft die Datenmassen, und immer leistungsfähigere Speicherchips ermöglichen es, Transaktionen mit immer größeren Datenmengen ohne wahrnehmbare zeitliche Verzögerung durchzuführen. Bei den älteren Systemen wurden die Daten auf externen Speichermedien gehalten und nur temporär in den schnellen Hauptspeicher übertragen, was sehr viel mehr Zeit in Anspruch nahm und die Auswertung verlangsamte. Mit der neuen Technik können Verknüpfungen praktisch in Echtzeit vorgenommen werden: »In-Memory-Datenbanken«, bei denen alle Operationen im Hauptspeicher ablaufen, sind um Dimensionen schneller und leistungsfähiger als klassische Datenbanksysteme. Daten aus unterschiedlichsten Quellen werden zusammengeführt und auf Auffälligkeiten untersucht. Die Daten werden mit speziellen Rechenverfahren (Algorithmen) ausgewertet.

Die Erfolge der Geschäftsmodelle der Internetkonzerne beruhen zum großen Teil auf Big-Data-Analysen, denn sie erlauben zielgerichtete, personalisierte Werbung ohne die bei den klassischen Massenmedien unvermeidlichen großen Streuverluste. Außerdem liefern Big-Data-Analysen in immer stärkerem Maße die Grundlage für Entscheidungen, die für unser Leben von existenzieller Bedeutung sind: Ob wir einen Kredit erhalten, und wenn ja, zu welchen Konditionen, ob wir in eine Versicherung aufgenommen werden und wie viel Prämie wir dafür gegebenenfalls zu zahlen haben. Algorithmen schlagen vor, ob wir bei der Bewerbung auf einen Arbeitsplatz zum Vorstellungsgespräch eingeladen werden sollen, wer für eine Beförderung infrage kommt und wer ein Entlassungskandidat ist. Auch im Gesundheitswesen nimmt die Bedeutung von Big Data dramatisch zu. Die Verknüpfung einer Vielzahl von Vitaldaten ermöglicht die frühzeitige Erkennung von Krankheiten. Daten aus Anfragen bei der Internetsuche geben Hinweise auf Epidemien und ermöglichen auf diese Weise schnelle Gegenmaßnahmen zu deren Eindämmung.

Schon jetzt deutet sich an, dass Computer-Algorithmen nicht nur Entscheidungsgrundlagen für Menschen liefern, die letztlich die Entscheidung treffen. Vielmehr geht der Trend dahin, dass die Computer anhand von Algorithmen selbst entscheiden, jedenfalls dort, wo die Sache klar scheint oder wo es um Geschwindigkeit geht: etwa bei der geforderten Wahl der Zahlungsmethode im Internethandel (Bestellung auf Rechnung oder nur gegen Vorkasse) oder an der Supermarktkasse (Autorisierung der Zahlung per EC-Karte mit der PIN oder mit der Unterschrift), bei der Einsortierung eines Anrufers in die Warteschleife bei Telefonservices (»gute« und »schlechte« Kunden werden anhand ihrer Telefonnummer identifiziert und müssen entsprechend lange warten, bis sie mit einem Berater im Callcenter verbunden werden). Je weiter die Automatisierungstechnik voranschreitet, desto mehr derartige Anwendungen gibt es, die über unser Wohl und Wehe bestimmen, etwa bei »autonom fahrenden« Kraftfahrzeugen, die dauernd untereinander, mit dem Hersteller oder mit Navigationssystemen kommunizieren. Das Beispiel des sich selbst steuernden Kraftfahrzeugs verdeutlich zudem ein Dilemma, das in vielen anderen Bereichen ebenso auftritt, wenn automatische Systeme die Kontrolle übernehmen: Wer ist verantwortlich, wenn das autonome Fahrzeug einen Menschen verletzt oder mit anderen Fahrzeugen kollidiert? Der Autohersteller, der Lieferant der Software oder der Halter?

Auch noch nicht ausgelotet ist, welche Konsequenzen sich daraus ergeben, dass Big-Data-Modelle Aussagen über unser zukünftiges Verhalten treffen, auch und gerade wenn es sich dabei nur um Wahrscheinlichkeitswerte handelt. Was ist etwa davon zu halten, dass wir aufgrund der aus vielfältigen Quellen zusammengeführten Angaben über unser Verhalten (Risikosportarten, Ernährung, Gesundheitszustand, Aufenthaltsorte etc.) einen Aufschlag zur Versicherung zahlen müssen? Ist der Zweifel an der individuellen Kreditwürdigkeit berechtigt, nur weil andere Menschen in einer vergleichbaren biografischen Situation und in einem ähnlichen Wohnumfeld ihre Kredite nicht vereinbarungsgemäß zurückgezahlt haben? Müssen wir uns damit abfinden, dass uns eine bestimmte teure Therapie versagt wird, weil sie bei den meisten Patienten mit einer ähnlichen genetischen Disposition nicht angeschlagen hat – wir könnten ja zu den wenigen gehören, bei denen sie doch wirkt?

Kein Vergessen, kein Vergeben?

Bis zum 13. Mai 2014 wussten nur wenige, wer Mario Costeja Gonzáles ist. An diesem Tag fällte der Europäische Gerichtshof das aufsehenerregende Urteil[27], dass die Firma Google in ihrer Suchmaschine bestimmte Verweise auf den Anwalt Gonzáles löschen muss. Dabei ging es um Berichte der katalanischen Zeitung *La Vanguardia* aus dem Jahr 1998 über die Zwangsversteigerung einer Herrn Gonzáles gehörenden Immobilie. Ihm war es unangenehm, dass bei der Eingabe seines Namens in das Suchfenster der Verweis auf diese lange zurückliegende Angelegenheit ganz oben auf der Ergebnisliste erschien. Zwar blieb er mit seinem Anliegen erfolglos, die Zeitung zur Löschung des betreffenden Artikels im Internet zu verpflichten. Der EuGH nahm stattdessen den Suchmaschinenbetreiber in die Pflicht. Personenbezogene Informationen, die falsch oder irrelevant sind, dürfen nicht mehr verlinkt werden, wenn der Betroffene dies verlangt.

Um einem Missverständnis vorzubeugen: Das höchste Gericht der Europäischen Union hat hier kein absolutes »Recht auf Vergessenwerden« formuliert, anders als einige Kritiker dieser Entscheidung behaupten. Wie auch das deutsche Bundesverfassungsgericht machte der Europäische Gerichtshof deutlich, dass es um eine Interessenabwägung zwischen dem Persönlichkeitsschutz des Betroffenen und dem Informationsinteresse der Öffentlichkeit geht. Dabei ist nicht allein die Sensitivität des einzelnen Datums entscheidend, sondern der Kontext, in dem die Daten angefallen sind, und wie sie verwendet werden. So spielt es eine entscheidende Rolle, inwieweit die Daten sich auf eine Person beziehen, die in der Öffentlichkeit steht.

Transparenz hat auch eine zeitliche Dimension. Während bei den traditionellen Medien veröffentlichte Informationen entweder flüchtig oder jedenfalls nur sehr schwierig zu finden waren, besitzen Veröffentlichungen im Internet eine andere Qualität. Alle Angaben, die irgendwann elektronisch veröffentlicht wurden, sind grundsätzlich auf Dauer vorhanden, und sie können auch außerhalb des ursprünglichen Zusammenhangs verwendet werden. Die Nutzung von persönlichen Informationen, die bereits vor langer Zeit im Internet veröffentlicht wurden, ist deshalb besonders fragwürdig. Daher ist es naheliegend, dass seit Längerem über »digitale Radiergummis« oder andere Mechanismen nachgedacht wird, die dem Internet das Vergessen beibringen. Bislang ohne überzeugendes Ergebnis.

Auch das deutsche Recht behandelt Personen der Zeitgeschichte anders als reine Privatpersonen, die nicht zu öffentlichen Debatten Anlass geben. Ein Spitzenpolitiker, der in einem schwachen Moment Unsinn geredet hat, oder ein Journalist, dem seine eigenen alten Artikel nicht mehr gefallen, müssen es hinnehmen, dass die sie betreffenden personenbezogenen Angaben auch noch nach Jahren im Internet gefunden werden können. Sie haben keinen Anspruch darauf, dass diese Informationen aus dem Web verschwinden und dass die namentlichen Verknüpfungen darauf gelöscht werden. Anders gelagert ist der Fall eines Erwachsenen, der Jahre zuvor als Jugendlicher in einem Internetforum Dinge über sich preisgegeben oder Meinungen geäußert hat, die nun gegen ihn verwendet werden, wenn er sich etwa um einen Arbeitsplatz bewirbt. Hier muss die Suchmaschine den personenbezogenen Link auf diese Meldung löschen, selbst wenn die Veröffentlichung seinerzeit rechtmäßig war.

Schon 1973 hatte das Bundesverfassungsgericht entschieden, dass selbst verurteilte Straftäter ein Recht haben, dass die Medien ihre Namen nach Verbüßung ihrer Strafe nicht mehr in Zusammenhang mit der von ihnen begangenen Straftat veröffentlichen dürfen. Das Bundesverfassungsgericht stellte klar, dass insbesondere die dauerhafte und wiederholte Verwendung von nicht mehr aktuellen Informationen in besonderem Maße das Persönlichkeitsrecht der Betroffenen beeinträchtigt, weil sie ihm jede Chance zur Resozialisierung und Wiederaufnahme in die Gesellschaft nehmen würde.[28]

Allerdings wird diese Position nicht überall auf der Welt geteilt. Besonders zwischen Amerika und Europa gibt es hier riesige Unterschiede. Nach der US-Verfassung hat die Rede- und Meinungsfreiheit überragende Bedeutung, hinter der andere Rechtsgüter – auch die Privatsphäre – zurückstehen müssen. So ist es in den USA völlig legal, wenn Strafregister einschließlich der Namen der verurteilten Straftäter veröffentlicht werden. In einigen US-Bundesstaaten ist eine solche Veröffentlichung sogar vorgeschrieben, wenn es sich dabei um Sexualdelikte handelt. US-Gerichte segneten entsprechende Regelungen unter Hinweis auf die überragende Bedeutung der Meinungsfreiheit ab, obwohl immer wieder von extremen Folgen dieser Offenlegung berichtet wird, bis hin zur Ermordung von nach Strafverbüßung aus der Haft entlassenen Sexualstraftätern. Auch wenn bei uns immer wieder – besonders nach dem Bekanntwerden besonders grausiger Sexualdelikte – entsprechende öffentliche Register gefordert werden[29], hätte ein entsprechendes Gesetz vor dem Bundesverfassungsgericht keine Chance. Dieser Konflikt der Rechtsordnungen verdeutlicht die Schwierigkeit, zu gemeinsamen Standards für das globale Internet zu kommen.

Ganz konkret wird der Konflikt bei der Verpflichtung der Suchmaschinen, bestimmte Verknüpfungen zu löschen, wie das der EuGH fordert. Die Entscheidung ist in den Vereinigten Staaten auf breite Ablehnung gestoßen, was nicht wirklich verwundern kann. Google setzt das Urteil so um, dass die zu löschenden Links in den Domains der EU-Staaten nicht mehr angezeigt werden, wohl aber bei der Google-Suche von Nutzern in den USA und in anderen außereuropäischen Staaten. Ob ein solches Verfahren auf die Dauer funktionieren kann, ist eher zweifelhaft, denn jeder Interessent kann ohne größere Probleme die zu löschenden Angaben auf dem Umweg über die US-Website trotzdem erlangen.

Ein weiterer wichtiger Aspekt des EuGH-Urteils ist die Feststellung des Gerichts, dass der Betreiber einer Suchmaschine eine eigene Verantwortung für die Verweise hat. Er kann sich nicht darauf zurückziehen, »bloß« Informationen zu vermitteln, die andere (Verlage, Betreiber von sozialen Netzwerken oder Blogger) ins Netz gestellt haben. Angesichts der unüberschaubaren Masse von Informationen im Internet ist die Auffindbarkeit der entscheidende Faktor. Um es salopp auszudrücken: Was Google nicht findet, existiert de facto nicht oder ist bedeutungslos. Die Betreiber der Suchmaschine entscheiden also maßgeblich über die Wahrnehmung der Realität durch deren Nutzer.

Die Verantwortlichkeit des Suchmaschinenbetreibers umfasst auch die automatische Vervollständigung von Begriffen, die in das Suchfeld eingegeben werden. Damit wird das Interesse des Nutzers auf bestimmte Kombinationen von Begriffen gelenkt, bisweilen mit durchaus bösen Folgen für die Betroffenen, deren Namen eingegeben werden. Diese Erfahrung musste etwa die Frau des ehemaligen Bundespräsidenten Wulff machen, deren Name automatisch mit dem Rotlichtmilieu verbunden worden war. Damit wurde sie in ein schlechtes Licht gestellt, ohne selbst dazu beigetragen zu haben. Google führte zur Verteidigung aus, dass es sich bei der automatischen Vervollständigung von Suchbegriffen um einen automatischen Prozess handele, der nach einem Software-Algorithmus ablaufe. Maßgeblich sei, dass bestimmte Suchbegriffe häufig in den entsprechenden Kombinationen eingegeben wurden. Insofern erleichtere es diese Funktion dem Nutzer, relevante Ergebnisse zu finden. Anders als im spanischen Fall wurde diese Angelegenheit letztlich gütlich beigelegt. Frau Wulff zog ihre Klage gegen das Unternehmen zurück, nachdem Google unabhängig von diesem Rechtsstreit seine Richtlinien geändert hatte.

Geheimnisverrat als Heldentat?

Dass der ehemalige Präsident des FC Bayern Uli Hoeneß 2014 wegen Steuerhinterziehung zu einer Haftstrafe verurteilt wurde, liegt maßgeblich an einem »Whistleblower«. So werden Insider bezeichnet, die Missstände und Rechtsverstöße in Behörden oder Unternehmen aufdecken. Sie weisen wie mit einer Trillerpfeife (whistle) auf die Verstöße hin. Andererseits offenbart der Fall auch ein Dilemma: Die Steuerhinterziehung wurde den Behörden nur bekannt, weil ein Mitarbeiter eines Kreditinstituts oder einer Behörde seine Geheimhaltungspflichten gebrochen hat. Macht der Staat sich mitschuldig, wenn er derartige unrechtmäßig erworbene Informationen nutzt? Dürfen sie im Strafverfahren verwendet werden? In Deutschland ist die Sache ziemlich eindeutig: Hier gibt es grundsätzlich kein Verwertungsverbot für unrechtmäßig erlangte Beweismittel, es sei denn, sie wurden unter Missachtung der Menschenrechte erlangt, etwa durch Folter. Anders in den USA: Dort verbietet die »Fruit of the Poisonous Tree«-Doktrin die Verwendung von Beweismitteln, die unter Bruch der Gesetze beschafft wurden.

Andere Beispiele von Whistleblowing sind die Aufdeckung von illegalen Börsentransaktionen, Bilanzfälschungen, sog.

Gammelfleischskandalen, der heimlichen Überwachung von Mitarbeiterinnen und Mitarbeitern, der Ausspähung von Telefonen und der übermäßigen Erfassung von Gesundheitsdaten. Nur weil Beschäftigte oder andere Insider betriebs- oder behördeninterne Vorgänge offenbarten, gelangten diese Rechtsverstöße überhaupt ans Licht. Der Whistleblower Bradley (Chelsea) Manning hatte der Plattform WikiLeaks Hunderttausende geheime diplomatische Depeschen zugespielt, die eine erbitterte Diskussion über Kriegsverbrechen von US-Militärs und generell über die US-Außenpolitik befeuerten.

Whistleblowing macht auch vor jenen Institutionen nicht halt, die ihre Daseinsberechtigung aus massenhafter Datensammlung und Überwachung ableiten. Obwohl die elektronische Überwachung ganz überwiegend im Verborgenen stattfindet, verursacht sie doch vielfach Spuren, die sich nur schwer auf Dauer geheim halten lassen. Der moderne Whistleblower findet Mittel und Wege, die ihm zugänglichen digitalen Informationen aus dem bewachten Bereich herauszuschleusen. In einer demokratischen Gesellschaft mit freier Presse besteht so die Möglichkeit, dass die »befreiten« Dokumente eine politische Debatte hervorrufen, die wiederum zur Begrenzung der aufgedeckten Überwachungspraktiken führt. So hat der berühmteste Whistleblower der Welt, Edward Snowden, Belege für weltweite Überwachungsaktivitäten der National Security Agency (NSA) und anderer Geheimdienste aufgedeckt. Eine der in der Folge am häufigsten diskutierten Fragen war, ob er denn ein Verräter oder ein Held sei. Tatsächlich ist er – wie die meisten Whistleblower – beides: Er hat geheime Unterlagen kopiert und an Journalisten weitergegeben – ein Bruch der amerikanischen Geheimhaltungsbestimmungen. Aber ohne diesen – soweit wir wissen uneigennützigen – »Verrat« wären der Öffentlichkeit die skandalösen, vielfach gesetzwidrigen Überwachungsaktivitäten verborgen geblieben: eine »Heldentat«, für die wir Snowden dankbar sein müssen.

Whistleblower gehen ein hohes Risiko ein – wenn sie bekannt werden, müssen sie mit Entlassung und Schlimmerem rechnen. Aus gutem Grund haben deshalb viele Länder Regelungen eingeführt, die Whistleblower schützen sollen. Zu den Staaten mit umfangreichem Wistleblower-Schutz gehören auch die USA.[30] Während Börseninsider, die über Insidergeschäfte berichten, und Staatsangestellte, die Korruptionsfälle aufdecken, dort umfassenden Schutz genießen, gilt dies nicht für die »Groß-Whistleblower« Manning und Snowden. Ersterer wurde inzwischen von einem Militärgericht zu 35 Jahren Haft verurteilt, Letzterer wird vom FBI und anderen US-Behörden weltweit gejagt.

Wie weit die US-Behörden gehen, um Snowdens habhaft zu werden, wurde deutlich, als die österreichischen Behörden im Juli 2013 auf Veranlassung der US-Regierung das Flugzeug des bolivianischen Präsidenten Evo Morales zur Zwischenlandung in Wien zwangen und polizeilich durchsuchten – ein klarer Bruch internationalen Rechts. Die US-Behörden hatten offenbar vermutet, dass der linksgerichtete bolivianische Präsident Snowden eine Mitfluggelegenheit aus Moskau verschafft habe – ein Irrtum, wie sich dann herausstellte.

In Deutschland gibt es kaum gesetzliche Bestimmungen, die Whistleblower vor unberechtigten Sanktionen schützen.[31] Deshalb wird schon lange gefordert, endlich den Schutz von Whistleblowern gesetzlich festzuschreiben. So sollen Beschäftigte nicht mehr die Entlassung befürchten müssen, nur weil sie Rechtsverstöße im Arbeitsumfeld anzeigen. Außerdem müsse Whistleblowern die vertrauliche Behandlung des Hinweises zugesagt werden, fordern etwa die deutschen Informationsfreiheitsbeauftragten bereits seit 2009[32] – bisher aber leider ohne Erfolg.

Digitale Tarnkappen

Der Umschwung in der öffentlichen Wahrnehmung der Informationsgesellschaft hängt schließlich auch zusammen mit den seit 2013 erfolgenden Enthüllungen über die weltweite Überwachung durch amerikanische, britische und andere Geheimdienste.[33] Eigentlich müsste inzwischen dem Letzten klar sein, dass selbst die Geheimdienste demokratischer Staaten alle Informationen sammeln, derer sie habhaft werden können.

Überwachung und Registrierung sind vor allem dann ein Problem, wenn die Daten auf eine bestimmte Person bezogen werden können. Deshalb ist die Frage, wie wir im Internet mit unserer Identität umgehen, immer bedeutsamer. Schon der Begriff »Identität« ist ziemlich schillernd: Gibt es überhaupt ein unverwechselbares, nicht veränderliches

Selbst, wie dies etwa Facebook-Gründer Marc Zuckerberg annimmt? Oder haben diejenigen recht, die das Recht des Einzelnen verteidigen, ihre persönlichen Informationen kontextbezogen zu dosieren, um auf diese Weise das Bild zu beeinflussen, das andere sich von ihnen machen? Gibt es gar ein Recht auf Anonymität? Technisch gibt es im Netz beide Extreme: umfassende persönliche Kontrolle und völlige Anonymität. Wegen der Möglichkeit, sich im Netz quasi mit Tarnkappe zu bewegen, wird Anonymität sehr häufig mit Verantwortungslosigkeit gleichgesetzt: Wer seine Identität nicht preisgibt, verfolgt unter dem Schutz der Anonymität finstere Absichten, will andere betrügen oder begeht Straftaten. Cyberkriminelle räumen unter falscher Identität Bankkonten leer, anonyme Belästigungen und Anschuldigungen machen uns das Leben schwer, und unter dem Schutz der Anonymität gehen Pädophile im Netz ihren Machenschaften nach. Da liegt die Forderung nach einem »Vermummungsverbot« im Internet nahe.[34]

Es gibt durchaus gute Gründe, warum es in bestimmten Situationen wichtig ist, sich zu identifizieren, etwa wenn man am Bankautomaten Geld abhebt oder eine persönliche Verfügung vornimmt. Bestimmte Rechte sind an die eigene Person gebunden und können nicht beliebig an andere delegiert werden. Auch in der Öffentlichkeit gilt: Wenn jemand mit seinem Namen für etwas eintritt, steht er für seine Sache. »Zum freiheitlichen Bürgerverständnis gehört nämlich, mit eigenem Namen für seine Taten und Äußerungen zu stehen.«[35] Wer seinen Namen nennt, der übernimmt Verantwortung, auch wenn die Folgen möglicherweise unangenehm sind. Die Identifikation dient nicht zuletzt dem Schutz Dritter, die gegebenenfalls von dem Betroffenen in ihren Rechten beeinträchtigt werden. Insofern ist es etwa konsequent, dass nur solche Kraftfahrzeuge am Straßenverkehr teilnehmen dürfen, die amtlich zugelassen und mit einem Kfz-Kennzeichen versehen sind, das etwa bei einem Unfall oder bei Geschwindigkeitsüberschreitungen zur Identifikation des Halters verwendet werden kann. Auch das deutsche Presserecht enthält bereits seit dem 16. Jahrhundert eine Impressumspflicht. Derjenige, der etwas veröffentlicht, muss seinen Namen und seine Anschrift nennen. Auch diejenigen, die Internetangebote betreiben, müssen ihre Identität preisgeben, damit sie gegebenenfalls für die von ihnen zu verantwortenden Inhalte zur Rechenschaft gezogen werden können. Andererseits gibt es in den Printmedien genauso lange die Praxis, dass Autoren ihre Artikel mit einem Pseudonym unterschreiben. In diesem Fall kann der »presserechtlich Verantwortliche« in Haftung genommen werden, als ob er den beanstandeten Beitrag selbst geschrieben hätte.

Die Forderung nach umfassender Identifikation und dem Verbot der anonymen Internetnutzung lässt allerdings außer Acht, dass es durchaus gute Gründe gibt, gerade im digitalen Zeitalter anonym zu bleiben. Wenn allein aus technischen Gründen immer mehr Aktivitäten registriert werden, können diese Informationen von Dritten missbraucht oder außerhalb des ursprünglichen Kontexts verwendet werden. So ist der »Identitätsdiebstahl« eines der häufigsten Delikte im Internet. Erbeutete Identitätsdaten – Namen, Adressen, Kennungen, Konto- und Kreditkartennummern, Passwörter – können für kriminelle Zwecke missbraucht werden. Je mehr Identitätsdaten im Umlauf sind, desto leichter ist es für Kriminelle, an entsprechende Angaben zu kommen. Immer wieder werden spektakuläre Fälle bekannt, in denen viele Millionen solcher Datensätze gestohlen wurden. So hat das deutsche Bundesamt für die Sicherheit in der Informationstechnik (BSI) Anfang 2014 davor gewarnt, dass rund 16 Millionen Benutzerkonten kompromittiert worden waren. Die gehackten Daten bestanden in der Regel aus einem Benutzernamen in Form einer E-Mail-Adresse und einem Passwort. Viele Internetnutzer verwenden diese Login-Daten nicht nur für den eigenen Mail-Account, sondern auch für Benutzerkonten bei Internetdiensten, Online-Shops oder sozialen Netzwerken. Die E-Mail-Adressen wurden dem BSI übergeben, damit Betroffene informiert werden und erforderliche Schutzmaßnahmen treffen konnten.[36]

Auch viele andere Fälle belegen, wie wichtig es ist, die Identifizierungspflichten auf das wirklich erforderliche Maß zu beschränken. Nicht umsonst enthält das deutsche Recht die Vorgabe für die Anbieter elektronischer Dienste, ihre Angebote – soweit technisch und wirtschaftlich vertretbar – auch zur anonymen Nutzung oder zur Inanspruchnahme unter Pseudonym bereitzustellen. Anonyme Nutzungsmöglichkeiten und der Anspruch, sich unter Pseudonym an einem interaktiven Diskussionsforum zu beteiligen, wirken auch Einschüchterungseffekten vor. Wer unter Pseudonym mit anderen über seine Gesundheits- oder Suchtprobleme diskutiert, muss nicht fürchten, dass sein Arbeitgeber, seine Nachbarn oder Versicherungen davon erfahren. Außerdem erschwert die anonyme Nutzung das Geschäft derjenigen, die unsere Daten massenhaft ausspionieren.

Das Vorhaben, im Zeitalter von Internet und Big Data anonym zu bleiben, ist jedoch äußerst verletzlich. Zwar gibt es seit Jahren Projekte, die das anonyme Surfen ermöglichen sollen. Am bekanntesten ist das vom US-Militär geförderte und von der Hacker-Community geschätzte TOR-Projekt (The Onion Router), das die Spuren des Nutzers verwischt, indem es die Datenpakete über mehrere, weltweit verteilte Server umleitet. Wird etwa eine Webseite abgerufen, kann deren Anbieter – anders als bei »normalen« Nutzern – aus der IP-Adresse nicht auf den Ausgangspunkt der Anfrage schließen. Auch Geheimdienste haben geringere Chancen, den Weg der Anfrage zurückzuverfolgen, denn sie wissen nicht einmal, aus welchem Land, geschweige denn von welchem Zugangsanbieter die Anfrage stammt.

Trotzdem ist damit die Identität des Surfers nicht vollständig vor Aufdeckung gesichert. Selbst wenn ein Anonymisierungsnetzwerk wirklich »wasserdicht« sein sollte, könnte aus den Inhalten der Kommunikation oder aus technischen Parametern der verwendeten Hard- und Software auf den Nutzer geschlossen werden. Wer also unter einem Pseudonym unterwegs ist, muss jede Aktivität vermeiden, die seine angenommene Identität irgendwie mit seiner tatsächlichen Identität in Verbindung bringt.

Biometrische Verfahren, die etwa ein Gesicht erkennen, könnten das Pseudonym auflösen, wenn ein Vergleichsbild zur Verfügung steht. Die Wahrscheinlichkeit hierfür steigt, weil einerseits die biometrischen Verfahren immer leistungsfähiger werden und andererseits immer mehr personalisierte biometrische Angaben vorhanden sind, die aus sozialen Netzwerken oder auch von biometrischen Grenzkontrollen oder privaten Zugangskontrollsystemen stammen. Gleiches gilt auch für andere Verfahren, etwa für die Identitätsfeststellung mittels Fingerabdruck, die auch im kommerziellen Bereich immer stärker zum Einsatz kommt. So können sich die Nutzer neuerer Tablets und Smartphones gegenüber dem Gerät per Fingerabdruck identifizieren. Da die Fingerabdrücke eine bestimmte Person kennzeichnen, könnten so aus unterschiedlichen Bereichen stammende Daten zusammengeführt werden. Zudem gibt es weitere realistische Missbrauchsszenarien: Fingerabdrücke könnten unbemerkt ausgewertet und dupliziert werden, um mit der Dublette Zugangssperren zu überwinden.[37] Es ist inzwischen sogar möglich, die Fingerabdrücke aus einem aus der Ferne aufgenommenen hochauflösenden Foto herauszulesen und mit Referenzdateien abzugleichen.[38] Die zunehmende Verbreitung von mit Gesichtserkennungstechnik ausgestatteten Überwachungskameras führt letztlich sogar dazu, dass etwa ein gefährdeter Zeuge den öffentlichen Raum meiden muss, um nicht identifiziert und in seinem Verhalten persönlich registriert zu werden.

Schon eine einzige Suchanfrage im Web nach dem Namen eines Verwandten[39], ein Telefonanruf bei einem alten Freund oder eine E-Mail könnten ein Pseudonym mit der wirklichen Identität eines Betroffenen zusammenführen und kaum zu kalkulierende Risiken zur Folge haben, wenn es sich etwa um eine Person handelt, deren Leib und Leben bedroht wird.

Selbst wer peinlich darauf achtet, keine Identifikationsmerkmale wie Namen, Personal- oder Kontonummern und Fingerabdrücke zu hinterlassen, ist vor der Aufdeckung seiner Identität und der Zusammenführung seiner Daten nicht wirklich sicher. Bei Menschen, deren Leben bestimmten Regelmäßigkeiten folgt, die einen festen Wohnsitz und Arbeitsplatz haben – also bei den allermeisten –, reichen schon wenige Angaben über Aufenthaltsorte zu bestimmten Zeiten zur Identifizierung aus. Auch technische Geräte, die sich in unserem Besitz befinden, können anhand ihrer Seriennummern oder sonstiger Eigenschaften bestimmt und zur Identifikation der Nutzer verwendet werden.

Böse Verschlüsselung

Der britische Premier David Cameron hat nach den islamistischen Anschlägen von Paris im Januar 2015 beklagt[40], Terroristen würden sich zunehmend mit technischen Verfahren staatlichen Überwachungsmaßnahmen entziehen, insbesondere durch die Verschlüsselung ihrer Daten. Solche überwachungsfreien Räume dürfe es deshalb nicht geben. Aus diesem Grunde müssten sichere Verschlüsselungsmethoden verboten werden. Für diesen Vorstoß erhielt der britische Premier Unterstützung aus dem Kreis der EU-Innenminister. Dass eine sichere Datenverschlüsselung bei Geheimdiensten nicht besonders beliebt ist, wissen wir seit Langem, erschwert sie doch das Überwachungsgeschäft.

Bundesinnenminister Thomas de Maizière schlägt in dieselbe Kerbe: Deutsche Sicherheitsbehörden müssten »befugt und in der Lage sein, verschlüsselte Kommunikation zu entschlüsseln oder zu umgehen, wenn dies für ihre Arbeit zum Schutz der Bevölkerung notwendig ist«.[41] Dagegen konnte man noch in der ein halbes Jahr zuvor vorgestellten Digitalen Agenda der Bundesregierung lesen: »Wir wollen Verschlüsselungsstandort Nummer eins auf der Welt werden.« De Maizières Amtsvorgänger Hans-Peter Friedrich hatte nach dem Scheitern seiner Aufklärungsmission in Sachen NSA im Juli 2013 den Internetnutzern geraten, selbst für die Verschlüsselung ihrer Daten zu sorgen. Nur so könnten sie sich gegen Spionage und sonstige Unbill effektiv schützen.

Immerhin haben verschiedene Internetanbieter nach den Snowden-Veröffentlichungen angekündigt, ihre E-Mail-Dienste und andere Angebote standardmäßig zu verschlüsseln. Problematisch ist dabei allerdings, dass viele dieser Angebote bisher lediglich eine »Verbindungsverschlüsselung« vorsehen, d.h., die verschlüsselt übertragenen Nachrichten werden von den Anbietern temporär entschlüsselt und könnten an diesen Schnittstellen gegebenenfalls im Klartext mitgelesen werden. Technisch ist es allerdings möglich, auf professioneller Basis eine Ende-zu-Ende-Verschlüsselung (Kryptoverbot) zu gewährleisten. Außerdem gibt es Software, mit der die Nutzer selbst für eine Ende-zu-Ende-Verschlüsselung sorgen können. Inzwischen offerieren nicht nur kleine Anbieter wie der für seine Bemühungen um den Datenschutz bekannte niederländische Dienst ixquick eine sichere Ende-zu-Ende-Verschlüsselung.[42] Auch Branchengrößen wie die Deutsche Telekom, Google und WhatsApp haben inzwischen erklärt, dass sie entsprechende Features in ihre Dienste einbauen wollen.

Offenbar ist dies zu viel Schutz, folgt man den zitierten Politiker-Statements. Bei genauerem Hinsehen erweist sich, dass ein Verschlüsselungsverbot oder die gesetzliche Vorgabe, nur schwache Verschlüsselungsmechanismen zu verwenden, nicht geeignet sind, Terroristen an der Verwendung sicherer Kommunikationsmittel zu hindern. Entsprechende Techniken sind vorhanden, und Terroristen oder andere Schwerstkriminelle werden sich durch entsprechende Verbote nicht von der Nutzung abhalten lassen. Betroffen wäre von einem Kryptoverbot dagegen die alltägliche Kommunikation von Bürgern und Unternehmen, die bekanntlich vielfältigen Gefährdungen ausgesetzt ist: Wenn ihnen der Gebrauch von sicheren Verschlüsselungsverfahren bei Strafe verboten würde, nähme der Staat ihnen das einzige Mittel aus der Hand, sich effektiv gegen Angriffe auf die Vertraulichkeit ihrer Kommunikation zu schützen.

Im Grunde handelt es sich bei dem Cameron-Vorstoß um den zweiten Aufguss der »Kryptodebatte« aus den 1990er-Jahren. Sie war damals in der Erkenntnis beendet worden, dass ein Verbot, das bei der kriminellen »Zielgruppe« nicht durchzusetzen ist, die IT-Sicherheit der rechtstreuen Nutzer aber unterminiert, kontraproduktiv ist. Auf dieses nach wie vor gültige Ergebnis sollte sich die heutige Politikergeneration besinnen. Sowohl die private als auch die geschäftliche Kommunikation ist aktuell stärker als in den 1990er-Jahren bedroht. Wer trotz dieser Argumente – die bis ins letzte Jahr hinein die offizielle Linie der Bundesregierung waren – jetzt ein Verschlüsselungsverbot fordert, macht sich künstlich dümmer, als er ist. Man nennt dies Populismus – und er beschädigt sowohl den Datenschutz und das Telekommunikationsgeheimnis, wie er auch das Streben der Wirtschaft nach vertraulicher Kommunikation torpediert.

6. Die Zukunft der Informationsgesellschaft

Obwohl wir auf dem Weg in eine weitgehend transparente Informationsgesellschaft bereits ein gutes Stück vorangekommen sind, fällt eine verlässliche Prognose schwer, wie sich die Dinge weiterentwickeln werden. Der Blick zurück zeigt, wie sehr sich die Welt in wenigen Jahrzehnten geändert hat. Betrachtet man etwa die seit dem Jahrtausendwechsel vergangene Periode, hat sich unser Umgang mit Informationen dramatisch verändert. Microsoft dominierte die Informationstechnik, wie 20 Jahre zuvor »Big Blue« IBM. Soziale Netzwerke heutiger Prägung gab es im Jahr 2000 nicht, und Google war nicht viel mehr als eine Garagenfirma. Fernseher und Rundfunkgeräte funktionierten analog, genauso die meisten Kameras. Gen- und Nanotechnologie steckten in den Kinderschuhen. Das Smartphone war noch nicht erfunden, und satellitengestützte Navigationssysteme waren überwiegend dem Militär und der Schifffahrt vorbehalten. Das Internet der Dinge war eine Vision von wissenschaftlichen Vordenkern – die Vorstellung, Verpackungen und Kleidungsstücke mit Funketiketten zu versehen, war weit von ihrer Realisierung entfernt. Auch in der Produktion hat die Bedeutung digitaler Systeme enorm zugenommen. Computer steuern die meisten industriellen Prozesse, und Roboter übernehmen immer mehr Tätigkeiten, die zuvor von Menschen ausgeübt wurden. Informationstechnik hat in Arztpraxen, Kliniken und Operationssäle Einzug gehalten; sie erleichtert Diagnosen und hilft bei der Therapie schwerer Krankheiten. Digitale Herzschrittmacher sind mit der Kardiologiepraxis via Internet verbunden und können aus der Ferne gesteuert werden.

Bei aller Unsicherheit in der Prognose der Zukunft: Völlig unrealistisch wäre die Erwartung, dass die informationstechnischen Innovationen aufhören oder sich zumindest verlangsamen werden. Insbesondere die technologische Basis wird sich auch weiterhin autonom entwickeln, und sie wird nur sehr schwer zu beeinflussen sein. Was hingegen gesteuert werden kann, ist die Ausgestaltung von Geräten und Diensten und vor allem ihr Einsatz. Wir haben also durchaus mehrere Optionen:

Wenn wir auf »Autopilot« schalten, also den Dingen ihren Lauf lassen, wird die Technik zum bestimmenden Faktor, und die Zivilisation wird sich den technischen Prozessen weiter angleichen. Immer leistungsfähigere, »intelligentere« Technik wird den Menschen aus immer weiteren Feldern verdrängen und in letzter Instanz auch die Steuerung übernehmen. In einer solchen computergesteuerten Gesellschaft wird der Mensch mit seinen Unvollkommenheiten zwangsläufig der schwächere Teil sein. Die Perspektive wäre vielleicht ein Upgrade auf den »Human Body 3.0«, wie dies dem Google-Cheftechnologen Ray Kurzweil vorschwebt[1], bei dem immer mehr Organe durch chipgesteuerte technische Geräte ersetzt werden, aber ich wäre mir da nicht so sicher. Gewiss würden jedoch die schon heute mächtigen Informationsmonopolisten ihre Herrschaft ausbauen. Ihren Interessen müsste sich am Ende alles unterordnen: die Menschen, die übrige Wirtschaft, der Staat.

Die folgenden Ausführungen beschreiben die aus meiner Sicht wichtigsten Faktoren für den Weg in eine demokratische, an zivilisatorischen Werten orientierte Informationsgesellschaft. Sie erheben nicht den Anspruch der Vollständigkeit, könnten aber Anknüpfungspunkte für die vielleicht wichtigste Debatte über unsere Zukunft bieten.

Gestaltungswille

Die erste und zentrale Frage ist, ob wir der Entwicklung freien Lauf lassen oder diese gestalten wollen. Sie ist alles andere als rhetorisch, denn gerade bei den großen Internetunternehmen und in der Netzcommunity ist die Vorstellung weit verbreitet, der »Staat« solle sich bloß nicht ins Internet einmischen. Die Motive für diese Haltung mögen unterschiedlich sein, die Ergebnisse sind es nicht.

Die Computertechnologie hat keines der großen Menschheitsprobleme gelöst: Krieg, Armut, Ungerechtigkeit, Umweltverschmutzung. Und es gibt keinen Hinweis darauf, dass sich daran von alleine etwas ändern wird. Sicherlich: Informationstechnik erschließt ungeheure Informationsressourcen und Kommunikationsmöglichkeiten, und sie sorgt für mehr Komfort. Sie hilft bei der Erkennung und Therapie von Krankheiten, und sie erhöht die Produktivität. Unübersehbar sind jedoch auch die Schattenseiten: zunehmende Überwachung, verschärfte soziale Gegensätze, Cybergefahren. Von alldem handelt dieses Buch. Wer für ein ungebremstes Laisser-faire eintritt, riskiert die Verschärfung dieser Konflikte und die Realisierung der Gefahren. Ob die zu erwartenden Vorteile diese Nachteile aufwiegen werden, ist höchst fraglich. Deshalb lautet meine Antwort: Ja, wir müssen handeln! Die Politik muss schleunigst den Stellenwert der vor sich gehenden digitalen Veränderungen realisieren und handeln.

Werte, Prinzipien, Grundrechte

Zivilisatorische Werte und demokratische Prinzipien, Demokratie, Freiheit des Individuums, verbriefte Grund- und Menschenrechte, die sich in Jahrhunderten unter Inkaufnahme schmerzhafter Opfer herausgebildet haben, verlieren nicht dadurch ihren Wert, dass sie nicht immer mit den Vorstellungen von Bequemlichkeit und Reichtum harmonieren, die gerade in den letzten Jahren einen neuen Hype erleben. Die instrumentelle Vernunft muss dort eine Grenze finden, wo sie die Menschenwürde tangiert oder die Demokratie gefährdet. Eine solche Wertentscheidung hat etwa das Bundesverfassungsgericht in seinem 2006 gefällten Urteil zum Luftsicherheitsgesetz verdeutlicht. Gegenstand des Verfahrens war die nach den Terroranschlägen vom 11. September 2001 diskutierte Frage, nach welchen Kriterien die Bundeswehr Flugzeuge abschießen darf, die von Terroristen gekapert wurden und auf ein Ziel gelenkt werden könnten, bei dem Menschen zu Tode kommen würden. Für einen nach rein instrumentellen Kriterien agierenden Computer wäre die Entscheidung nur eine Rechenaufgabe: Wenn die Zahl potenzieller Opfer am Einschlagsziel multipliziert mit der Eintrittswahrscheinlichkeit größer ist als die Zahl der mit Sicherheit umkommenden Flugzeuginsassen, darf die Maschine abgeschossen werden. Ganz anders das Bundesverfassungsgericht: Es versagte dem Staat ein solches gesetzlich verbrieftes Entscheidungsrecht, bei dem Leben gegen Leben abgewogen werden, weil dies der Menschenwürde widerspricht, die nicht quantifizierbar ist: »Die Ermächtigung der Streitkräfte, … durch unmittelbare Einwirkung mit Waffengewalt ein Luftfahrzeug abzuschießen, das gegen das Leben von Menschen eingesetzt werden soll, ist mit dem Recht auf Leben … in Verbindung mit der Menschenwürdegarantie … nicht vereinbar, soweit davon tatunbeteiligte Menschen an Bord des Luftfahrzeugs betroffen werden.«[2] Diese Entscheidung des höchsten deutschen Gerichts entbindet weder den Piloten eines Kampfjets noch dessen Vorgesetzte von der Verantwortung zu entscheiden, was in der konkreten Situation zu tun ist – im Extremfall bis zum Abschuss des entführten Flugzeugs. Aber es gibt hier keinen Automatismus, auch wenn er in einem Gesetz formuliert wird. Der Mensch muss die Verantwortung letztlich selbst tragen, und er muss dafür geradestehen – mit allen persönlichen Risiken.

Nicht nur die Menschenwürde und das Recht auf Leben müssen in der Informationsgesellschaft weiter gelten. Auch die übrigen Grundrechte verlieren nicht allein deshalb ihren Wert, weil es mit digitaler Technik einfacher ist, sie zu brechen. »Der Verzicht auf die Grundrechte auf Datenschutz und Privatsphäre kann keine ernsthafte Option sein«, wie der Facebook-Rebell Max Schrems zu Recht feststellt.[3] Mehr noch: Die Grundrechte müssen weiterentwickelt werden, damit sie den digitalen Herausforderungen standhalten. So hat das Bundesverfassungsgericht ein neues »Grundrecht auf Gewährleistung der Vertraulichkeit und Integrität informationstechnischer Systeme« formuliert[4], das der staatlichen Neugier Grenzen setzt – Polizei und Geheimdienste dürfen nur in extremen Ausnahmefällen Überwachungsprogramme (»Trojaner«) in Computern installieren. Notwendig ist auch die Verankerung eines Jedermann-Rechts auf Informationszugang in der Verfassung.

Zu den zentralen Werten der Informationsethik gehört die Verantwortung. Angesichts der Komplexität vieler Internetdienste ist es deren Betreibern gelungen, die Verantwortung für nahezu alle Risiken und Folgen ihrer Geschäftsmodelle auf die schwächsten Beteiligten – die Nutzerinnen und Nutzer – oder auf sonstige Dritte abzuwälzen. Bisweilen reden sie sich auch darauf heraus, die Entscheidungen träfen nicht sie selbst, sondern »unschuldige Algorithmen«. Sie verschweigen dabei – vorwiegend aus wirtschaftlichem Eigeninteresse – geflissentlich, dass diese Algorithmen von ihnen entwickelt, eingesetzt und ihre Funktionsweise häufig gegenüber den Betroffenen und der Öffentlichkeit geheim gehalten werden. Wir müssen dafür sorgen, dass auch im digitalen Zeitalter diejenigen, die Dienste erbringen oder über unsere Kreditwürdigkeit oder über die Filterung von Informationen entscheiden, für die Konsequenzen geradestehen müssen. Klauseln in allgemeinen Geschäfts- oder Nutzungsbedingungen, mit denen sich Internetunternehmen aus der Verantwortung stehlen, sollten generell unzulässig sein.

Machtbegrenzung

Das strukturelle Informationsungleichgewicht hat sich stark vergrößert. Ein enormes digitales Machtgefälle ist entstanden: Einige wenige Großkonzerne und staatliche Stellen verfügen über immer gewaltigere Datenmengen, entscheiden über deren Auswertung und den Umgang mit den dabei gewonnenen Erkenntnissen. Ihnen gegenüber steht die große Masse der Informationsanwender. Ihnen wird zwar mehr Komfort und Zerstreuung geboten, sie sind aber von den wesentlichen Entscheidungen über die Erhebung und Verwendung ihrer Daten weitgehend ausgeschlossen. Der Einfluss der staatlichen und privatwirtschaftlichen digitalen Machthaber muss begrenzt werden. Die dafür geeigneten Instrumente gibt es prinzipiell, sie müssen jedoch eingesetzt werden: im Recht und in der Technik.

Nicht nur der Datenschutz – so wichtig er auch ist –, ebenso das Kartell- und Wettbewerbsrecht und der Verbraucherschutz müssen auf den Stand der digitalen Herausforderungen gebracht werden. »Google entflechten«, wie es im Europäischen Parlament diskutiert wird – warum nicht? Dem Internet das Vergessen beibringen? Das mag technisch schwierig sein, aber mit der Entscheidung des Europäischen Gerichtshofes zum Recht, vergessen zu werden, ist ein erster Schritt getan. Datenschutz modernisieren? Ja, aber bitte etwas zügiger und nicht zu halbherzig. Die Europäische Datenschutzreform muss endlich über die Ziellinie gebracht werden, damit die datenschutzrechtlichen Vorgaben auch gegenüber global agierenden Internetunternehmen durchgesetzt werden können. Verbandsklagerechte, mit denen Verbraucherverbände eine gerichtliche Überprüfung der Praktiken von Unternehmen erzwingen können, auch beim Datenschutz? Längst überfällig, auch um die überforderten Datenschutzbehörden zu entlasten. Geheimdiensten Grenzen setzen? Auch das geht – aber bisher fehlt den meisten Politikern hierzu der Mut. Sie brauchen gerade deshalb Nachhilfe von der Zivilgesellschaft, von Bürgerinitiativen, Medien, Verbänden und engagierten Fachleuten!

Die technische Gestaltung der digitalen Infrastruktur sollte sich daran orientieren, dass die von der Informationsverarbeitung Betroffenen so weit wie möglich über ihre Daten selbst bestimmen können. Ein solcher Ansatz geht weit über die schon seit Längerem – weitgehend erfolglos – propagierte »Datensparsamkeit« hinaus: Da digitale Technik fast unvermeidbar zu mehr Daten führt, muss zumindest dafür gesorgt werden, dass sie so weit wie möglich in der Sphäre und unter Kontrolle der Betroffenen bleiben. Es mag sinnvoll sein, dass zukünftig der »intelligente Stromzähler« die Verbrauchswerte eines jeden Elektrogeräts misst – aber er muss diese Erkenntnisse nicht notwendigerweise an einen Energiekonzern, ein Internetunternehmen oder an die Polizei weitergeben. Auch in der Technik gibt es vielfältige Gestaltungsmöglichkeiten und alternative Lösungswege. Datenverschlüsselung sollte zum Standard werden und nicht mehr wenigen eingeweihten Fachleuten vorbehalten sein. Wer einen Internetdienst in Anspruch nimmt, muss dies auch anonym oder unter Pseudonym tun können – eine Vorgabe, die es im deutschen Recht zwar bereits gibt, aber von Facebook und anderen Internetunternehmen bisher straflos ignoriert werden konnte, weil entsprechende Durchsetzungsmöglichkeiten der Datenschutzbehörden fehlen. Kluge Entscheidungen über Hard- und Software haben gegenüber dem Recht bisweilen sogar den Vorteil, dass sie sich nicht erst nach jahrelangen Verhandlungen realisieren lassen. Andererseits werden bürgerrechtsfreundliche und datenschutzkonforme technische Weichenstellungen häufig nur vorgenommen, wenn der rechtliche Rahmen passt. Recht und Technik müssen deshalb beim Schutz von Bürgerrechten Hand in Hand gehen.

Digitale Gerechtigkeit

Alle Indikatoren sprechen dafür, dass die Digitalisierung die Schere zwischen Arm und Reich weiter öffnet. Die Verteilungsfrage wird sich nicht von selbst lösen, so sehr manche auch daran glauben mögen. Sicherlich: Einige digitale Neureiche wie Microsoft-Gründer Bill Gates und Facebook-Chef Marc Zuckerberg sind inzwischen in die exklusive Kaste der Milliardäre aufgestiegen. Abgesehen von der überschaubaren Gruppe der digitalen Aufsteiger hat sich die Durchlässigkeit zwischen den sozialen Gruppen aber nicht wirklich verbessert.

Auch hier gilt: Die Zukunft ist zwar kein Wunschkonzert, aber sie ist gestaltbar. Das Umsteuern beginnt auch hier im Kopf: Anstelle der rücksichtslosen The-Winner-takes-it-All-Ideologie müssen wir wieder stärker das Gemeinwohl in den Mittelpunkt stellen. »Eigentum verpflichtet. Sein Gebrauch soll zugleich dem Wohle der Allgemeinheit dienen« – dieser Satz ist nicht etwa die verquere Idee eines weltfremden Utopisten, sondern verbindliche Vorgabe des Art. 14 unseres Grundgesetzes. Wichtig sind zum einen Ansätze, die das Einkommen von der Erwerbstätigkeit und dem Kapitalbesitz abkoppeln – etwa die Weiterentwicklung der schon heute in Deutschland praktizierten Grundsicherung zu einem garantierten Grundeinkommen. Die notwendigen Änderungen hin zu einem digitalen Sozialstaat werden sich nur realisieren lassen, wenn alle wirtschaftlich Leistungsfähigen endlich angemessen zur Besteuerung herangezogen werden und sich nicht weiterhin durch wahnwitzige Unternehmenskonstruktionen wie etwa das »Double Irish With a Dutch Sandwich« ihren Verpflichtungen entziehen können. Zu den größten Nutznießern solcher Modelle gehören Unternehmen der Digitalökonomie wie Adobe, Amazon, Apple, Facebook, Google, Microsoft und Yahoo. Sie zahlen keine oder nur äußerst geringe Steuern, indem sie ihre Gewinne so lenken, dass sie in Niedrigsteuerländern wie Irland, Luxemburg, den Cayman-Inseln oder den Bermudas anfallen. Briefkastenfirmen müssen geschlossen, Steueroasen ausgetrocknet werden. Zum anderen müssen die eigentlichen Informationsproduzenten wesentlich stärker an der Vermarktung ihrer Daten teilhaben, wie dies der Internetphilosoph Jaron Lanier vorschlägt.[5] Dies gilt sowohl für die Schöpfer von künstlerischen, literarischen oder journalistischen Werken als auch für die ganz normalen Nutzer informationstechnischer Systeme, die als digitale Datenquellen ausgenutzt werden, ohne dafür eine angemessene Kompensation zu erhalten.

Mehr Licht!

Entgegen der ersten Vermutung ist die heutige Informationsgesellschaft vor allem einseitig transparent, wie ein venezianischer Spiegel: Gläsernen Nutzern stehen weitgehend undurchsichtige digitale Machtzentren gegenüber. Wir brauchen keine totale Transparenz, aber sehr viel mehr Durchblick bei Verfahren, Strukturen und Entscheidungsprozessen. Dabei reicht es nicht aus, Transparenz erst im Nachhinein zu schaffen. Mindestens genauso wichtig ist die vorsorgliche Schaffung von Klarheit, damit Fehlentwicklungen im staatlichen und privatwirtschaftlichen Bereich gar nicht erst geschehen. Datenschutzrechtliche Auskunftsansprüche, Akteneinsichtsrechte nach dem Verwaltungsrecht und Zugangsansprüche zu staatlichen Informationen, die durch die Informationsfreiheitsgesetze gewährt werden, reichen nicht aus. Vielmehr müssen die Informationsfreiheitsgesetze zu Transparenzgesetzen weiterentwickelt werden, welche die staatlichen Stellen dazu verpflichten, sehr viel mehr Informationen von sich aus, also proaktiv, bekannt zu geben. Wünschenswert ist dabei, dass nicht nur kopierte Dokumente öffentlich werden, sondern auch die Daten, die bei der Entscheidungsfindung verwendet wurden (Open Data). Auch in der digitalen Wirtschaft muss sehr viel mehr Transparenz herrschen, insbesondere im Hinblick auf die bei der Profilbildung und zur Bewertung menschlichen Verhaltens eingesetzten Verfahren. Sicherlich werden viele Betroffene nicht in der Lage sein, die komplexen Algorithmen nachzuvollziehen. Mit der Offenlegung werden sie aber für Fachleute, Verbraucher- und Datenschützer überprüfbar, die die Nutzer wiederum über die Folgen aufklären können. Die Erfahrungen mit erfolgreichen Open-Source-Projekten – etwa mit dem Betriebssystem Linux – belegen, dass eine solche Algorithmen-Transparenz sinnvoll und machbar ist und dass mehr Offenheit sogar zur Verbesserung der Softwarequalität beiträgt, weil Fehler schneller erkannt werden können.

Schließlich brauchen wir Preis- und Kostentransparenz bei digitalen Geschäftsmodellen. Dies gilt insbesondere für Angebote, die vermeintlich kostenlos sind, die wir aber mit unseren Daten bezahlen. Nur wenn wir wissen, was die Daten wert sind, die wir preisgeben, und welche Gewinne damit erzielt werden, können wir uns rational entscheiden, ob und welche Dienste wir in Anspruch nehmen. Eines erscheint aber klar: Privatsphäre und Selbstbestimmung sind nicht zum Nulltarif zu haben.

Demokratisches Potenzial

Trotz aller Fehlentwicklungen birgt die Informationsgesellschaft erhebliches demokratisches Potenzial in sich, das es zu aktivieren gilt. Mit Technik lassen sich nicht nur staatliche Stellen und Konzerne besser kontrollieren. Elektronische Beteiligungsverfahren und Plattformen der Zivilgesellschaft können auch zur Bildung einer neuen Bürgergesellschaft beitragen. Trotzdem dürfen wir nicht ausblenden, dass technische Plattformen zwar eine notwendige, aber keine hinreichende Bedingung für verbesserte Beteiligung der Bürgerinnen und Bürger sind. Von zentraler Bedeutung ist die Bereitschaft der Menschen, sich an der politischen Willensbildung zu beteiligen und sich nicht auf eine passive Rolle als Konsumenten, Nutznießer oder auch Opfer der digitalen Umwälzungen reduzieren zu lassen. Die digitale Bürgergesellschaft kann es ohne verstärktes bürgerschaftliches Engagement nicht geben. Nicht vergessen werden dürfen diejenigen, die technischen Lösungen skeptisch gegenüberstehen oder das Internet aus anderen Gründen nicht nutzen wollen oder können. Sie dürfen nicht benachteiligt werden und müssen weiterhin die Möglichkeit haben, sich einzubringen und ihre Rechte wahrzunehmen. Niemand darf zurückbleiben!

Fazit

Gesellschaften sind keine bloßen Ansammlungen mehr oder minder freier Individuen, die nebeneinander leben. Sie sind in ungeheurem Maße vernetzt – und zwar nicht erst seit der Erfindung des Internets: im Familien- und Freundeskreis, im Wohnumfeld, in Arbeits- und Geschäftsbeziehungen, im Erziehungs-, Gesundheits- und Bildungswesen und in sozialen, gewerkschaftlichen, künstlerischen, sportlichen und religiösen Aktivitäten, in Parteien, Bürgerinitiativen und anderen Diskussions- und Interessengruppen. Der Einzelne steht nicht für sich allein, er ist zugleich Teil vielfältiger sozialer Beziehungsgeflechte, in denen er unterschiedliche Rollen einnimmt, seine Interessen herausbildet und vertritt. Die Digitalisierung beeinflusst zwar die Formen der gesellschaftlichen Vernetzung, sie ersetzt sie aber nicht. Und sie zwingt uns auch nicht zu einer eindimensional quantitativen, rein funktionalen Sichtweise.

Eine Gesellschaft, in der auf globaler Ebene immer mehr Daten verfügbar sind, ist nicht gegen kulturelle Verarmung gefeit. Auch im Computerzeitalter bleibt die vom Soziologen und Stadtforscher Lewis Mumford vor vielen Jahren formulierte tiefe Erkenntnis gültig, dass sich Zivilisation und menschliches Leben nicht auf optimales Funktionieren beschränken lassen: »Ritual, Kunst, Poesie, Drama, Musik, Tanz, Philosophie, Wissenschaft, Mythos und Religion sind für den Menschen unentbehrlich wie sein tägliches Brot: Das wahre Leben des Menschen besteht nicht nur aus der Arbeit, die ihn direkt ernährt, sondern auch aus den symbolischen Aktivitäten, die sowohl den Arbeitsprozessen als auch den Arbeitsprodukten und ihrer Verwendung Sinn verleihen.«[1]

Ist der von Joseph Weizenbaum befürchtete Zusammenstoß der Informationsgesellschaft mit dem »Eisberg« noch zu vermeiden? Oder wird sie dasselbe Schicksal erleiden wie weiland die *Titanic*? Ich denke, der Crash ist noch abzuwenden, aber nur, wenn wir uns besinnen.

Dank

Dieses Buch würde es nicht ohne die Unterstützung und viele Gespräche geben, die ich mit Fachleuten, digitalen Aktivisten und anderen Interessierten führen konnte. Ihnen allen möchte ich dafür danken, dass sie mir einen Teil ihrer wertvollen Zeit geopfert und mir viele neue Einsichten vermittelt haben. Besonders dankbar bin ich meiner Frau Carmen, meiner Schwester Katrin und meinen Freunden Manuel Frank und Ulrich Kühn, die das Manuskript durchgelesen und mir viele wichtige Anregungen zu seiner Verbesserung gegeben haben. Dank schulde ich auch meiner Agentin Aenne Glienke, die zur Verwirklichung des Buchprojekts wesentlich beigetragen hat.

Anmerkungen

Einführung

1 Henry Ford, My Life and Work, New York 1922, S. 72
2 Berend Krüger, Peter Schaar, Modifizierbares Personal Prognose Modell – MOPPED, in: Operations Research Proceedings 1983, S. 297–303
3 Joseph Weizenbaum, Kurs auf den Eisberg, Zürich 1984; ders., Die Macht der Computer und die Ohnmacht der Vernunft, Frankfurt a. M. 1977

1. Umbrüche

1 Hans Leyendecker, Georg Mascolo, Die Macht der Terror-Tweets, Süddeutsche Zeitung Online vom 24.01.2015, http://www.sueddeutsche.de/digital/islamismus-die-macht-der-terror-tweets-1.2318119, abgerufen am 24.03.2015
2 John Perry Barlow, Unabhängigkeitserklärung des Cyberspace, 08.02.1996, ins Deutsche übersetzt von Stefan Münker, Telepolis http://www.heise.de/tp/artikel/1/1028/1.html, abgerufen am 01.02.2015
3 Andrew Keen, Das digitale Debakel, München 2015, S. 58
4 Eric Schmidt, Jared Cohen, The Digital New Age, New York 2014, S. 8
5 A.a.O., S. 13
6 DIVSI, Milieu-Studie zu Vertrauen und Sicherheit im Internet 2012, S. 57

7 Vgl. Markus Grabba, Christian Westermeier, Anhaltend hohe Vermögensungleichheit in Deutschland, DIW Wochenbericht 9/2014, S. 151; s. auch Thomas Picketty, Das Kapital im 21. Jahrhundert, München 2014, S. 415

8 Forbes, the World's Billionaires, http://www.forbes.com/billionaires/list/#tab:overall, abgerufen am 10.02.2015

9 Holger Steltzner, Rede auf der Konferenz »Digitale Zukunft erkennen« am 26.09.2014, http://www.denkichandeutschland.net/downloads/DiaD-Begruessung_Holger_Steltzner_26.9.2014.pdf, abgerufen am 27.03.2015

10 Vgl. Heise Online vom 25.05.2013, Google plant mobiles Internet in Afrika und Asien, http://www.heise.de/newsticker/meldung/Google-plant-mobiles-Internet-in-Afrika-und-Asien-1869433.html abgerufen am 27.03.2015; Süddeutsche Zeitung Online vom 16.02.2015, Eine Milliarde neue Facebook-Kunden. Internet in Schwellenländern, http://www.sueddeutsche.de/digital/internet-in-schwellenlaendern-eine-milliarde-neue-facebook-kunden-1.2352242, abgerufen am 27.03.2015

11 Heise News vom 30.01.2015, Googles Gewinn steigt um 40 Prozent, Börse leicht verzagt, http://www.heise.de/newsticker/meldung/Googles-Gewinn-steigt-um-40-Prozent-Boerse-leicht-verzagt-2533444.html, abgerufen am 27.03.2015

12 NASDAQ 100 Marktkapitalisierung, http://www.finanzen.net/index/Nasdaq_100/Marktkapitalisierung, Stand: 30.01.2015

13 Vgl. Sigrid Baringhorst, Enteignet-Springer-Kampagne, Siegen 2006, http://www.protest-cultures.uni-siegen.de/pdf/Arbeitspapiere/Springer.pdf, abgerufen am 01.02.2015

14 Mathias Döpfner, Offener Brief an Eric Schmidt, Frankfurter Allgemeine Zeitung Online vom 16.04.2014, http://www.faz.net/aktuell/feuilleton/medien/offener-brief-an-eric-schmidt-springer-chef-doepfner-warnt-vor-der-macht-von-google-12897872.html, abgerufen am 24.03.2015

15 Zoë Keating – 2013 Online sales & streaming revenue, https://docs.google.com/spreadsheet/ccc?key=0AkasqHkVRM1OdHg2eWZRYVp1YmgyUDFvbWtwLWNCN0E#gid=0, abgerufen am 17.02.2015

16 Johannes Haupt, Spotify aus Künstlersicht: 0,4 Cent pro Wiedergabe, in: lesen.net vom 25.02.2014, http://www.lesen.net/ebook-news/spotify-aus-kuenstlersicht-04-cent-pro-wiedergabe-10943/, abgerufen am 17.02.2015
17 Andrew Keen, a.a.O. (Anm. 3 in diesem Kapitel), S. 166
18 Statista – das Statistikportal, http://de.statista.com/statistik/daten/, abgerufen am 14.01.2015
19 Stephen Wolfram, Data Science of the Facebook World, http://blog.stephenwolfram.com/2013/04/data-science-of-the-facebook-world/, abgerufen am 22.02.2015
20 Jon Bruner, Tweets loud and quiet, http://radar.oreilly.com/2013/12/tweets-loud-and-quiet.html, abgerufen am 22.02.2015
21 Stand: 22.02.2015
22 Sherry Turkle, Leben im Netz. Identität im digitalen Zeitalter, Hamburg 1999, S. 37 (engl. Original: »Life on Screen«, 1995)
23 Andrew Keen, a.a.O. (Anm. 3 in diesem Kapitel), S. 131
24 PewResearchCenter, Millennials in Adulthood, 07.03.2014, http://www.pewsocialtrends.org/2014/03/07/millennials-in-adulthood/, abgerufen am 22.02.2015
25 Charles M. Blow, The Self(ie) Generation, New York Times Online vom 07.03.2014, http://www.nytimes.com/2014/03/08/opinion/blow-the-self-ie-generation.html?_r=0, abgerufen am 27.03.2015

2. No Return!

1 Dave Eggers, The Circle, Köln 2013; Tom Hillenbrand, Drohnenland, Köln 2014
2 Ray Kurzweil, The Singularity Is Near. When Humans Transcent Biology, London 2005, ebook
3 http://www.bundesregierung.de/Content/DE/Podcast/2015/2015-02-21-Video-Podcast/links/download-PDF.pdf?__blob=publicationFile&v=4, abgerufen am 27.02.2015
4 American Defense International, Universities Chase Big Defense Dollars, http://www.americandefense.net/2014/08/13/universities-chase-big-defense-dollars/, abgerufen am 27.02.2015

5 Siehe Anm. 2 in Kapitel 1
6 Jaron Lanier, Wem gehört die Zukunft, Hamburg 2014
7 Siehe Anm. 1 in Einführung
8 Yvonne Hofstetter, Sie wissen alles, München 2014, S. 13
9 Vgl. Joseph Weizenbaum, a.a.O. (Anm. 3 in der Einführung)
10 G.E. Moore: Cramming more components onto integrated circuits. In: Electronics. 38, Nr. 8, 1965, S. 114–117
11 Peter Schaar, Datensicherheitsmaßnahmen in der Telekommunikation, Hamburg, 15.04.1993
12 Vgl. Andreas Pfitzmann, Diensteintegrierende Kommunikationsnetze mit überprüfbarem Datenschutz, Berlin, Heidelberg 1990
13 http://datascience.berkeley.edu/big-data-infographic/, abgerufen am 31.12.2014
14 Bundesgerichtshof, Urteil vom 28.01.2014, VI ZR 156/13
15 Vgl. Kap. 5, S. 169ff.
16 Vgl. Joseph Weizenbaum, Macht der Computer (Anm. 3 in Einführung), S. 269
17 Chris Anderson, The End of Theory. Will the Data Deluge Makes the Scientific Method Obsolete?, Wired Magazine vom 27.06.2008, http://archive.wired.com/science/discoveries/magazine/16-07/pb_theory; vgl. auch Viktor Mayer-Schönberger, Kenneth Cukier, Big Data. Die Revolution, die unser Leben verändern wird, München 2013, S. 92
18 Vgl. Jaron Lanier, a.a.O. (Anm. 6 in diesem Kapitel)
19 Eli Pariser, The Filter Bubble, London 2011
20 Uwe Jean Heuser, Tausend Welten, Berlin 1996
21 Vgl. Nikolai Horn, Der Bürger im Netz. Die digitale Herausforderung für die Zivilgesellschaft, Bad Homburg v. d. Höhe 2013, S. 34
22 Ray Kurzweil, a.a.O. (Anm. 2 in diesem Kapitel)
23 U.S. Securities & Exchange Commission, Findings Regarding the Market Events of May 6, 2010
24 Computerwoche vom 11.03.2013, Facebook-Likes verraten eine Menge über Nutzer, http://www.computerwoche.de/a/facebook-likes-verraten-eine-menge-ueber-nutzer,2534436, abgerufen am 27.12.2014

25 Vgl. Horn, a.a.O. (Anm. 21 in diesem Kapitel), S. 17

26 http://www.rwe-smarthome.de/web/cms/de/448330/smarthome/, abgerufen am 27.02.2015

27 Anthony Baker, Connected spaces: the next step for the internet of things, The Guardian Online vom 05.02.2015, http://www.theguardian.com/media-network/2015/feb/05/connected-spaces-should-be-the-next-step-for-the-internet-of-things, abgerufen am 24.03.2015

28 Michael Gneuss, Funkchips für das Krankenhaus der Zukunft, Handelsblatt Online vom 05.01.2015, http://www.handelsblatt.com/technologie/forschung-medizin/medizin/rfid-funkchips-fuer-das-krankenhaus-der-zukunft-seite-all/2731124-all.html, abgerufen am 06.01.2015

29 Vgl. Juli Zeh, Wir werden manipulierbar und unfrei, Süddeutsche Zeitung Online vom 26.11.2014, http://www.sueddeutsche.de/kultur/juli-zeh-ueber-das-generali-modell-wir-werden-manipulierbar-und-unfrei-1.2232147, abgerufen am 25.02.2015

30 Peter Burghardt, Implantate gegen Entführungen, Süddeutsche Zeitung Online vom 17.05.2010, http://www.sueddeutsche.de/panorama/mexiko-implantate-gegen-entfuehrungen-1.520330, abgerufen am 06.01.2014

31 Sven Astheimer, Sebastian Balzter, Schwedische Arbeitnehmer lassen sich Chip implantieren – freiwillig, Frankfurter Allgemeine Zeitung Online vom 25.02.2015, http://www.faz.net/aktuell/beruf-chance/arbeitswelt/rfid-chip-bueroangestellte-schweden-13438675.html, abgerufen am 24.03.2015

32 https://www.airbnb.de, abgerufen am 27.02.2015

33 Airbnb Nutzungsbedingungen, https://www.airbnb.de/terms, abgerufen am 10.02.2015

34 Uber Nutzungsbedingungen, https://www.uber.com/legal/deu/terms, abgerufen am 10.02.2015

35 Airbnb Datenschutzregeln, https://www.airbnb.de/terms/privacy_policy, abgerufen am 10.02.2015

36 Jana Reiter, Die ganze Welt als Konkurrenz, Zeit Online vom 27.11.2014, http://www.zeit.de/2014/47/crowdsourcing-freelancer-digital-arbeitsmarkt, abgerufen am 24.03.2015

3. Die Internetgesellschaft

1 Zit. nach Jürgen Wiekmann, Steffen Wernery, Tom Todd, Klaus Schleisiek, Siggi Lohberg, Wau Holland, Gerriet Hellwig, Thomas Esher, Studie zum geplanten Computereinsatz der Fraktion Die Grünen im Auftrag des Deutschen Bundestags, 1986, S. A-1

2 A.a.O. (ohne Seitenangabe), Abschnitt: »Essenz«

3 Vgl. Fred Turner, Where the Counterculture Met the New Economy. – The WELL and the Origins of Virtual Community, in: The Muse, Vol. 46, 2005, S. 485

4 Christoph Bieber, Politische Projekte im Internet, Frankfurt a. M., New York 1999, S. 166

5 Vgl. Martin Goldmann, Gabriele Hofacker, Politisch arbeiten mit dem Computer, Hamburg 1991, S. 164

6 Andreas Kreye, Die Neda-Revolte, in: Süddeutsche Zeitung Online vom 17.05.2010, http://www.sueddeutsche.de/politik/proteste-in-iran-die-neda-revolte-1.116965, abgerufen am 24.03.2015

7 Thomas Schmied, Ein rätselhafter Selbstmord, der die Welt veränderte, Die Welt Online vom 17.12.2011, http://www.welt.de/politik/ausland/article13772200/Ein-raetselhafter-Selbstmord-der-die-Welt-veraenderte.html, abgerufen am 24.03.2015

8 Vgl. Jakob Steinschaden, Digitaler Frühling, Wien 2012, S. 108

9 Vgl. Evgeny Morozov, Smarte neue Welt, München 2013, S. 78

10 Zitiert nach Evgeny Morozov, The Net Delusion, London 2011, S. 34 (Übersetzung des Autors)

11 Bernhard Bartsch, Der Staat bloggt mit, Frankfurter Rundschau Online vom 04.07.2011, http://www.fr-online.de/politik/china-der-staat-bloggt-mit,1472596,8628742.html, abgerufen am 24.03.2015

12 Minitrue: Urgent Notice on the Shanghai Stampede, China Digital Times vom 31.01.2015, http://chinadigitaltimes.net/2015/01/minitrue-urgent-notice-concerning-shanghai-stampede/, abgerufen am 04.02.2015

13 Felix Lee, China schottet sein Internet noch mehr ab, China-Blog auf Zeit Online vom 02.02.2015, http://blog.zeit.de/china/2015/02/02/china-schottet-sein-internet-noch-mehr-ab/, abgerufen am 04.02.2015

14 China blockiert VPN für mehr Sicherheit im Internet, German China.org.cn vom 28.01.2015, http://german.china.org.cn/china/2015-01/28/content_34675206.htm, abgerufen am 15.02.2015
15 Türkei ermöglicht Website-Sperren ohne Gerichtsbeschluss, Zeit Online vom 10.09.2014, http://www.zeit.de/politik/ausland/2014-09/tuerkei-internet-website-sperrung-gesetz, abgerufen am 24.03.2015
16 Chinese blogger jailed under crackdown on »internet rumours«, The Guardian Online vom 17.04.2014, http://www.theguardian.com/world/2014/apr/17/chinese-blogger-jailed-crackdown-internet-rumours-qin-zhihui, abgerufen am 24.03.2015
17 A look at the writings of Saudi blogger Raif Badawi – sentenced to 1,000 lashes, The Guardian Online vom 14.01.2015, http://www.theguardian.com/world/2015/jan/14/-sp-saudi-blogger-extracts-raif-badawi, abgerufen am 24.03.2015
18 Schlagt uns statt Raif!, The European Online vom 19.01.2015, http://www.theeuropean.de/christopher-gohl/9491-saudi-arabien-peitschenhiebe-fuer-freiheitsfreund, abgerufen am 24.03.2015
19 Morozov 2011, a.a.O., S. 56 (Übersetzung des Autors)
20 Interview mit Martin Sonneborn, https://www.youtube.com/watch?v=pyMcH4CIkFY, abgerufen am 04.02.2015
21 Die Stasi hätte Facebook genutzt, Interview mit Stasi-Aktenchef Jahn, tageszeitung Online vom 10.12.2011, http://www.taz.de/!83422/, abgerufen am 24.03.2015

4. Auf dem Weg zur digitalen Agora?

1 Vgl. ISPRAT, Von Open Government zur digitalen Agora, 2010
2 Mabel L. Lang, The Athenian Citizen: Democracy in the Athenian Agora, Ausgabe 4, 2004, S. 5 ff.
3 Vgl. Horn, a.a.O. (Anm. 21 in Kapitel 2), S. 42
4 https://www.google.com/intl/de_de/about/company/philosophy/, abgerufen am 27.02.2015
5 Ebd.

6 http://investor.google.com/corporate/code-of-conduct.html, abgerufen am 27.02.2015

7 https://www.youtube.com/watch?v=1XBEqyu5Mck, abgerufen am 27.02.2015

8 Reymer Klüwer, Ein Obama-Pulli für den Hund, Süddeutsche Zeitung Online vom 22.05.2012, http://www.sueddeutsche.de/politik/us-wahlkampf-im-internet-ein-obama-pulli-fuer-den-hund-1.1363239, abgerufen am 24.03.2015

9 Nicola Jenne, Facebook als Kampagnenwerkzeug: Online-Wahlkampf in den USA, politik-digital.de vom 25.09.2012, http://politik-digital.de/facebook-als-kampagnenwerkzeug-online-wahlkampf-in-de-usa, [sic!] abgerufen am 24.03.2015

10 Daniela Blaschke, Birte Bösehans, Paulina Habben, Elisabeth Panic, Thomas Steg, Daniel Wixforth, Wahlkampf digital. Was Wählerinnen und Wähler suchen und was die Parteien anbieten, Berlin/Kassel 2014

11 http://www.abgeordnetenwatch.de/

12 Gregor Hackmack, Demokratie einfach machen. Ein Update für unsere Politik, Hamburg 2014, S. 98

13 http://www.bpb.de/politik/wahlen/wahl-o-mat/

14 Bundespresseamt, http://www.bundesregierung.de/ContentArchiv/DE/Archiv17/Mitschrift/Pressekonferenzen/2013/06/2013-06-19-pk-merkel-obama.html, abgerufen am 10.01.2015

15 https://digitalegesellschaft.de/idee/

16 http://d-64.org/verein/mission-statement/

17 http://c-netz.de/uber-uns/

18 http://blog.die-linke.de/digitalelinke/uber-uns/

19 http://www.load-ev.de/grundungserklarung/

20 Nico Lumma, Das Problem der Netzpolitik ist die Netzpolitik, in: Der Digitale Wandel, 3/2014, S. 25

21 Vgl. John Perry Barlow, a.a.O. (Anm. 2 in Kapitel 1)

22 www.internetlivestats.com

23 https://netzpolitik.org/2014/pressestelle-des-bundestages-erklaert-wir-machen-hier-keine-parlamentarische-berichterstattung/, abgerufen am 13.02.2015

24 Blogger treffen sich auf Internet-Konferenz re:publica, Hamburger

Morgenpost Online vom 01.04.2008, http://www.mopo.de/news/medien-blogger-treffen-sich-auf-internet-konferenz-re-publica,5066732,5387496.html, abgerufen am 27.03.2015
25 Frank Hessenland, Es geht um die Macht!, Deutschlandfunk vom 09.05.2014, http://www.deutschlandfunk.de/re-publica-2014-es-geht-um-die-macht.691.de.html?dram:article_id=284955, abgerufen am 27.03.2015
26 Flug MH17 – Auf der Suche nach der Wahrheit, Correct!v.org vom 09.01.2015, abgerufen am 24.03.2015
27 https://www.bigbrotherawards.de/, abgerufen am 13.02.2015
28 www.petitionen.bundestag.de
29 Deutscher Bundestag, Petitionsausschuss (Jahresberichte)
30 Deutscher Bundestag, Drs. 18/1300 vom 21.05.2014, Bericht des Petitionsausschusses, S. 7
31 Deutscher Bundestag, Jahresbericht des Petitionsausschusses 2014, S. 102
32 Wissenschaftler stützen These von Wahlbetrug bei US-Präsidentschaftswahl, Heise News vom 19.11.2004, http://www.heise.de/newsticker/meldung/Wissenschaftler-stuetzen-These-von-Wahlbetrug-bei-US-Praesidentschaftswahl-116587.html, abgerufen am 24.03.2015
33 Federal Election Commission, http://www.fec.gov/pages/punchrd.htm, abgerufen am 09.01.2015
34 Christiane Schulzki-Haddouti, Rechtliche Probleme sind vorhanden. E-Wahlen sind schon erprobt, in: Das Parlament Nr. 17/18 2006
35 Bundesverfassungsgericht, Beschluss vom 3. März 2009 – 2BvC 3/07
36 Vgl. Schulzki-Haddouti, a.a.O.
37 Richard Sietmann, Für den Wahlstift »ist die Zeit nicht reif«, Heise News vom 10.11.2007, http://www.heise.de/newsticker/meldung/Fuer-den-Wahlstift-ist-die-Zeit-nicht-reif-194012.html, abgerufen am 24.03.2015
38 Vgl. Documents about Internet Voting, http://www.vvk.ee/voting-methods-in-estonia/engindex/reports-about-internet-voting-in-estonia/, abgerufen am 09.01.2015

39 Constanze Kurz, Online-Wahlsystem. Wie man ein Land übernimmt, in: Frankfurter Allgemeine Zeitung Online vom 15.05.2014, http://www.faz.net/aktuell/feuilleton/aus-dem-maschinenraum/online-wahlsystem-wie-man-ein-land-uebernimmt-12941546.html, abgerufen am 24.03.2015

40 Independent Report on E-voting in Estonia, https://estoniaevoting.org/, abgerufen am 10.01.2015

41 National Election Committee of Estonia, Comment on the article published in The guardianhttp://vvk.ee/valimiste-korraldamine/vvk-uudised/vabariigi-valimiskomisjoni-vastulause-the-guardianis-ilmunud-artiklile/, abgerufen am 10.01.2015

42 Das Parlament vom 24.04.2006, Interview mit Peter Schaar, Bundesdatenschutzbeauftragter, »In Weblogs liegen auch Gefahren«

43 Christiane Schulzki-Haddouti, Die Technik ist herausgefordert. Sicherheitsstandards für E-Voting, in: Das Parlament vom 24.04.2006

44 Deutscher Bundestag, Drs. 17/950 vom 03.03.2010

45 Enquete Beteiligung, https://enquetebeteiligung.de/, abgerufen am 11.01.2015

46 ULD Schleswig-Holstein, Virtuelles Datenschutzbüro geht Online, Presseerklärung vom 05.12.2000, vgl. auch Schulzki-Haddouti, Telepolis, Virtuelles Datenschutzbüro Online vom 06.12.2000

47 Bundesbeauftragte für den Datenschutz, Datenschutzforum (Startseite), https://www.bfdi.bund.de/bfdi_forum/index.php, Stand: 12.01.2015

48 Nach dem Ende meiner Amtszeit als Bundesdatenschutzbeauftragter ist der Blog zur Europäischen Akademie für Informationsfreiheit und Datenschutz umgezogen – www.eaid-berlin.de

49 Stand: 27.02.2015

50 Beschluss der obersten Aufsichtsbehörden für den Datenschutz im nicht-öffentlichen Bereich (Düsseldorfer Kreis) vom 08.12.2011

51 OVG Schleswig-Holstein, 22.04.2013 – 4 MB 10/13, rechtskräftig

52 OVG Schleswig, Az. 4 LB 20/13 vom 05.09.2014, nicht rechtskräftig

53 https://www.datenschutzzentrum.de/artikel/858-Revisionsbegruendung-des-ULD-im-Gerichtsverfahren-zu-Fanpages.html, abgerufen am 14.03.2015

5. Die Transparenzgesellschaft

1 Manfred Schneider, Transparenztraum, Berlin 2014, S. 6

2 Winfried Hassemer, Die Risiken der Transparenzgesellschaft, in: Hansjürgen Garstka, Wolfgang Coy (Hrsg.), Wovon – für wen – wozu. Systemdenken wider die Diktatur der Daten, Wilhelm Steinmüller zum Gedächtnis, Humboldt-Universität Berlin, 2014, S. 393

3 Joh 1,1

4 Vgl. Lewis Mumford, Mythos der Maschine. Kultur, Technik und Macht, Frankfurt a. M. 1977, S. 91ff.

5 Georg Simmel, Soziologie. Untersuchungen über die Formen der Vergesellschaftung, Leipzig 1908, S. 392

6 Vgl. BfDI, 3. Tätigkeitsbericht zur Informationsfreiheit, S. 49

7 Louis D. Brandeis, Other People's Money – and How Bankers Use It, Harpers Weekly, No. 20, 1913

8 Simmel, a.a.O. (Anm. 5 in diesem Kapitel), S. 360

9 Resolution 59 der UN Generalversammlung 1946, ebenso Art. 19 der Allgemeinen Erklärung der Menschenrechte (1948)

10 Art. 21 Abs. 4 der Brandenburgischen Landesverfassung vom 20.08.1992 (GVBl.I/92, [Nr. 18], S. 298)

11 Vgl. etwa Art. 35 Abs. 2 des Verfassungsentwurfs der Arbeitsgruppe Verfassungsreform des »Zentralen Runden Tischs« der DDR vom April 1990, http://www.documentarchiv.de/ddr/1990/ddr-verfassungsentwurf_runder-tisch.html; vgl. auch den Bericht der Gemeinsamen Verfassungskommission, BT-Drs. 12/6000 vom 05.11.1993

12 https://www.whatdotheyknow.com/, Stand: 25.02.2015

13 https://fragdenstaat.de/, Stand: 25.02.2015

14 BfDI, 4. TB zur Informationsfreiheit 2014, S. 22

15 Roland Jahn, Transparenz staatlichen Handelns und Persönlichkeitsschutz, Jahrbuch für Informationsfreiheit und Informationsrecht 2014, S. 294

16 Mail Online vom 22.03.2012, To read, or not to read … the terms and conditions: PayPal agreement is longer than Hamlet, while iTunes beats Macbeth, http://www.dailymail.co.uk/news/

article-2118688/PayPal-agreement-longer-Hamlet-iTunes-beats-Macbeth.html#ixzz3VZwQPE9Z, abgerufen am 27.03.2015

17 https://de-de.facebook.com/about/privacy, abgerufen am 28.02.2015

18 Verbraucherzentrale – Bundesverband (vzbv), Presseerklärung vom 06.03.2012, Richter erklären Freundefinder und Geschäftsbedingungen für rechtswidrig, http://www.vzbv.de/pressemeldung/vzbv-gewinnt-klage-gegen-facebook, abgerufen am 27.03.2015

19 PCLOB, Report on the Telephone Records Program conducted under Section 215 of the USA PATRIOT Act and on the Operations of the Foreign Intelligence Surveillance Court, S. 11

20 Bundesverfassungsgericht, Urteil vom 02.03.2010, 1 BvR 256/08

21 Gerichtshof der Europäischen Union, Urteil vom 08.04.2014, C-293/12

22 Vgl. Simon Assion, Überwachung und Chilling Effects, in: Telemedicus Sommerkonferenz Überwachung und Recht, Berlin 2014, S. 36

23 Axel Marthews, CatherineTucker, Government Surveillance and Internet Search Cambridge MA 2014, http://ssrn.com/abstract=2412564, abgerufen am 09.02.2015

24 Das Internet, ein überwachtes Zuhause, Süddeutsche Zeitung Online vom 15.08.2013, http://www.sueddeutsche.de/digital/privatsphaere-das-internet-ein-ueberwachtes-zuhause-1.1746611, abgerufen am 27.03.2015

25 Min Chen, ShiwenMao, Yin Zhang, Victor C. M. Leung, Big Data. Related Technologies, Challenges and Future Prospects, Heidelberg, New York, Dordrecht, London 2014, S. 4

26 Thilo Weichert, Big Data. Eine Herausforderung für den Datenschutz, in: Heinrich Geiselberger, Tobias Moorstedt (Red.), Big Data. Das neue Versprechen der Allwissenheit, Berlin 2013, S. 133

27 Europäischer Gerichtshof, Entscheidung vom 13.05.2014, Rechtssache C-131/12

28 Bundesverfassungsgericht, »Lebach«-Urteil vom 05.06.1973 – 1 BvR 536/72

29 Vgl. Peter Carstens, Kritik am »Internetpranger«, Frankfurter Allgemeine Zeitung Online vom 09.08.2010, http://www.faz.net/

aktuell/finanzen/2.3017/kritik-am-internetpranger-11025853.html, abgerufen am 24.03.2015

30 Vgl. Simon Wolfe, Mark Worth, Suelette Dreyfus, AJ Brown, Whistleblower Protection Laws in G20 Countries, Transparency International 2014, S. 63, http://blueprintforfreespeech.net/wp-content/uploads/2014/09/Whistleblower-Protection-Laws-in-G20-Countries-Priorities-for-Action.pdf, abgerufen am 24.03.2015

31 A.a.O., S. 37

32 Entschließung der 18. Konferenz der Informationsfreiheitsbeauftragten in Deutschland am 24.06.2009 in Magdeburg

33 Vgl. Peter Schaar, Überwachung total. Wie wir in Zukunft unsere Daten schützen, Berlin 2014

34 Vgl. etwa Linus Neumann, »Vermummungsverbot« im Internet, Netzpolitik.org vom 14.11.2010, https://netzpolitik.org/2010/vermummungsverbot-im-internet/, abgerufen am 18.02.2015

35 Vgl. Nikolai Horn, a.a.O. (Anm. 21 in Kapitel 2), S. 30

36 Bundesamt für die Sicherheit in der Informationstechnik, Pressemitteilung vom 21.01.2014

37 Vgl. Fingerabdrucksensor beim neuen iPhone geknackt, Frankfurter Allgemeine Zeitung Online vom 22.09.2014, http://www.faz.net/aktuell/technik-motor/computer-internet/apple-fingerabdrucksensor-beim-neuen-iphone-geknackt-13166749.html, abgerufen am 27.03.2015

38 Vgl. Hacker kopieren Fingerabdruck von Ursula von der Leyen, Tagesspiegel Online vom 27.12.2014, http://www.tagesspiegel.de/weltspiegel/chaos-computer-club-hacker-kopieren-fingerabdruck-von-ursula-von-der-leyen/11163644.html, abgerufen am 24.03.2015

39 Schmidt/Cohen S. 39

40 Nicholas Watt, Rowena Mason, Ian Traynor, David Cameron pledges anti-terror law for internet after Paris attacks, The Guardian Online vom 12.01.2015, http://www.theguardian.com/uk-news/2015/jan/12/david-cameron-pledges-anti-terror-law-internet-paris-attacks-nick-clegg, abgerufen am 24.03.2015

41 Thomas de Maizière: Innenminister sieht Verschlüsselung als Problem, Spiegel Online vom 21.01.2015, http://www.spiegel.de/netzwelt/netzpolitik/thomas-de-maiziere-innenminister-wendet-

sich-gegen-verschluesselung-a-1014244.html#, abgerufen am 24.03.2015
42 https://www.startmail.com/

6. Die Zukunft der Informationsgesellschaft

1 Ray Kurzweil, a.a.O. (Anm. 2 in Kapitel 2), Pos. 5773
2 Bundesverfassungsgericht, Urteil vom 15.02.2006 – 1 BvR 357/05
3 Max Schrems, Kämpf um Deine Daten, Wien 2014, S. 171
4 Bundesverfassungsgericht, Urteil vom 27.02.2008 – 1 BvR 370/07
5 Jaron Lanier, a.a.O. (Anm. 6 in Kapitel 2)

Fazit

1 Lewis Mumford, The Condition of Man (1944), zit. nach ders. a.a.O. (Anm. 4 in Kapitel 5), S. 13

Gregor Hackmack

Demokratieaktivist

Foto: Parlamentwatch e.V.

Gregor Hackmack
Demokratie einfach machen
Ein Update für unsere Politik

158 Seiten
Euro 14,– (D)
ISBN 978-3-89684-158-2

Einfach mal die Demokratie retten!

Unsere Demokratie steckt in einer Vertrauenskrise: Parlamente bilden gesellschaftliche Mehrheiten nicht mehr ab, so der Demokratieaktivist und Mitbegründer von *abgeordnetenwatch.de* Gregor Hackmack. Zu viele Entscheidungen werden zugunsten einer vermögenden Elite gefällt. Hackmack stellt ein überzeugendes Mittel gegen Intransparenz, Entfremdung und Oligarchiebildung vor: mehr direkte Demokratie. Mit vielen Beispielen, Empfehlungen und Tipps zeigt er, was jeder von uns schon heute tun kann, damit wir alle wieder mehr Einfluss auf die Politik gewinnen.

www.edition-koerber-stiftung.de

Mehr Bäume.
Weniger CO_2.
www.cpibooks.de/klimaneutral

MIX
Papier aus verantwortungsvollen Quellen
FSC
www.fsc.org
FSC® C083411